壁を崩して橋を架ける

結果を出すリーダーが
やっているたった1つのこと

道幸武久

集英社

壁を崩して橋を架ける　目次

第2章 チームにできた「壁」を崩す5つの行動……47

第3章 チームに「橋」を架ける5つのSTEP

第4章

部下の力を引き出す最強チームの作り方

第5章

結果を出すリーダーがやっているたった1つのこと

〜クロスコミュニケーションのすすめ

プロローグ

「99・99%」の現場でコミュニケーションがうまく取れていない

仕事の場において「人間関係に悩んでいる」「コミュニケーションがうまくできない」と悩んでいる人の割合は、果たしてどのくらいの数字になるのでしょうか。

私が企業研修コンサルタントとして多くの現場に入り込んで見てきた経験によると、「99・99%」の現場でコミュニケーションがうまく取れていない、というのが正直な実感です。

特に、上司と部下の関係において、この傾向が顕著です。

「いやいやそんなことはないよ」と自信満々でおっしゃる、とある大企業の部長さん。

「私と部下は、しょっちゅう仕事帰りに飲みに行ってたっぷり話をしているから」と。

そんな方に私は聞いてみます。

「その誘いは誰からするのですか？　どんな話をしていますか？」

すると例えば、こんなふうに返ってくるのです。

「もちろん私が誘うんだよ。いきなり誘っても必ずついてきてくれる」

「自分の話ばっかりなんてしていないよ。どちらかというとちゃんと相手の話を聞き出しているつもりだ」

私はそういう答えを聞くたびに、部下の方に心の中で深く同情します。

「ああ、仕方なく付き合っているんだろうな。大変だなぁ」と。


はっきり言いますが、「いきなり誘って」「相手の話を聞き出す」というような状態は、コミュニケーションの質としてはかなり低いレベルです。もっと言えば「一方的な自己満足」にすぎません。一緒に飲む時間が長かったり、会話の量が多いことが「コミュニケーションが取れている」状態では決してないのです。


では、「コミュニケーションが取れている」状態というのはどのようなものなのでしょうか。

イメージとしては関わっているメンバー全員が「このチーム、いいね！」と心から思える状態です。学生時代のサークルを思い出していただくとわかりやすいかもしれません。誰に強制されているわけでもないのに「居心地がいい」からやめない、もっと関わりたくなる、卒業してからもいつまでも大切に思っている……。そんなチームを職場でも、仲間とのプライベートにおいても、そして家庭でも作ってほしいと思います。ビジネス書ではあまり使われない表現かもしれませんが、私はそれを「愛」と呼びたいと思います。

「職場のチームが大好き！」「愛してる！」――そういう表現ができるようなチームを作るために必要なこと、**それは「壁を崩して、橋を架ける」ことです。**

自分と相手との間に、少々のことでは崩れることのないしっかりした強固な橋を架けることが、幸せな人間関係の基礎となります。いつでも自由にお互いが不安なく行き来できる、そういう安心できる「橋」を他者との間にどんどん架けていくことができれば、つながった人たちはみんな一つのチームになります。目標を共有し、それをともにかなえるために最善を尽くせるような、活き活きとした状況が生まれます。

そのような状況を作り出すための**たった一つの方法が、クロスコミュニケーションと呼ばれる技術です。**逆に言えば、クロスコミュニケーションさえできていれば、すべての人間関係の悩みは解消することができます。より早く目標に到達することができるのです。

ビジネスの世界で部下の力をしっかり引き出し、強力なチームを築き上げて結果を出しているリーダーは、実は誰もがこのクロスコミュニケーションを使って、チームの中にある壁を崩し、相互にしっかりとした橋を架けることに成功しています。

部下との関係がどうしてもうまくいかない。目的に向かってチームがなかなか一つにならない。成果を出すために、もっと強い人間関係をつくりたい……そんな悩みを持つすべてのリーダーに、本書では、クロスコミュニケーションを実現するための具体的な行動プランを提示し、順を追って一つひとつ確かめていきたいと思います。

第1章

上司と部下の間には、いつも必ず「壁」がある

顔を合わせたとたん、相手は壁を作る

どんな状況においても、人と人とが初めて会ったときには互いの間に壁があります。

この壁は、双方それぞれが「自分を守るため」にあらかじめつくっていることが多いのが特徴です。

考えてみれば、これは仕方のないことです。相手がどんな人かよくわからない、何を考えているのかわからないという状態では、防御の意識ができ上がるのは当然です。

学生時代、クラス替えをした教室で初めて顔を合わせたクラスメートと話すときのことを思い出してください。お互いが相手の顔色を見ながら、どこまで聞いていいのか？　どこまで話して大丈夫か？　を探りつつ、必要以上に深く立ち入らないように、また立ち入られないようにと自然に壁を作っていたのではないでしょうか。

ただ、このような、特に若いころの友人関係では、多くの場合、時間がたつに従って共通点が見つかったり、共通の思い出が蓄積されたりすることで壁は次第に崩れていきます。そして、いつの間にか何でも話せるような、大切な友達関係を築くことができあがるものです。

ところが、これが大人になって社会に出てからとなると、そう簡単にはいきません。いつまでも壁が残ったままで円滑なコミュニケーションが取れていない、というケースが実に多いのです。特に、会社や組織で上下関係がある場合、この傾向は顕著です。

「そうかなぁ？」

「私とあの人の間に壁はあるのかな？」

と気になった方は、次のシンプルな二つの質問で、壁のあるなしをチェックしてみてください。

質問１　一緒に食事をすることが決まりました。
あなたは相手の食べたいものがわかりますか？
相手は、あなたが苦手なものを知っていますか？

質問２　そもそも、その食事はどちらから誘いましたか？
自分から
相手から

　このたった二つの質問からでも、見えてくることがあります。

質問1は、食事の誘いが互いの共通の楽しみになっているかということを浮き彫りにします。

「自分は焼き肉が好きだから、いつも焼き肉」「気軽な場所が話しやすいから、いつも赤ちょうちんの焼き鳥屋」というのも、相手もそれが本当に好きなら問題ないのですが、それについてこれまでにきちんと相手の希望を確認してみたことはあるでしょうか？

　もしかしたら「焼き肉を食べた次の日はいつも胸やけがする」と感じていたり、「たまの外食なら、いつも同じ場所ではなくていろいろ変わったものを食べたいな」なんて思われていたりするかもしれません。

「そう思っているなら、言ってくれればいいのに！」とちょっと腹立たしく思うかもしれませんが、そうではなく「なぜ、相手が自分の希望を気軽に言えなかったのか？」と考える態度が必要です。

質問2は、どちらから誘ったから正解というものではありません。互いが気軽に誘いあえて、かつ、受けたほうがその誘いを喜んでいるかどうかが大切なポイントです。「大丈夫、誘って断られたことはない！」という方も、もう一歩踏み込んで考えてみましょう。

「あなたが誘ったとき、相手は本当に喜んでいましたか？」
「誘われたとき、嬉しかったですか？」

壁があるかどうかを判断するには、「行動」や「言葉」ではなく、「感情」にフォーカスすることが重要です。相手がどう感じているかが大事なのです。

「いや、相手が何を考えているかなんてわからないよ」という状態では、コミュニケーションができているとは言えません。そんなふうに感じている者同士がいくら仕事で力を合わせようと頑張っても、うまくいくわけはありません。

多くの場合、コミュニケーションを阻害する「壁」の原因は、自己保身や自身の過去のトラウマであったり、相手についての印象や事前の情報による思い込みであったりします。人と対峙するとき、壁を作ることが半ば癖のようになっている人も結構多いようです。

壁がいたるところにあるような場所では、先を見通すことができずに毎日が障害物との戦いに費やされ、なかなか目的地にたどり着くことができません。

人間関係も同じで、チーム内のあちこちに壁があるようでは共通のゴールイメージを持つことが難しいので、チームがうまく機能しないという事態に陥ります。また、チームメンバーの疲労度が高くなり、チームへの帰属意識も薄れてしまうものです。

チームとして最高のパフォーマンスをあげるためには、壁を崩して互いの間に自由に行き来ができる橋を架けることが大切です。

そのためには、それぞれの立場で何をしていけばいいのか、相手のどこに注目し、自分のどこを変えていけばいいのでしょうか。

具体例とともに、順に解説していきましょう。

なぜ人は壁を作ってしまうのか？

誰かとよい関係を築きたいと思ったとき、目の前に壁がある状態ではうまくいかないだろうな、というのは想像してみたら誰にでもわかることです。

壁がある状態では、お互いの声が届きにくく、表情もよく見えません。手も届かないので、頑張ろうね、と肩を叩き合ったり、がっちりと握手をしたりすることもできません。

そんなふうに考えると、誰もが「チームや組織内の人間関係には壁はないほうがいいな」と感じるはずですが、それでもできてしまう、そして場合によってはぐんぐん高く厚くなっていくのが、壁というものなのです。

なぜ人は壁を作ってしまうのでしょうか？　これまでにいくつかの原因を説明してきましたが、ここで大きく3つにまとめておきましょう。

①　**自分を守るための壁**

コンプレックスを隠したい、過去を知られたくない、私生活に触れられたくない、などの思いからできる壁です。

②　**相手に配慮している〝つもり〟が作る壁**

相手の気持ちを尊重しようとしすぎて自分の意思を抑え込んだり、隠したりすることでも壁はできます。「どうせ言っても相手は自分のことをわかってくれないから、言っても仕方ない」と思うとき、あなたの前には壁がドーンと現れます。

③　**〝自分中心〟が原因でできる壁**

これがいちばんわかりやすい壁ですね。簡単に言えば、相手の気持ちを考えない、相手の希望を無視するといった態度が原因で出来る壁です。ワンマンな上司に付き合わされる部下は「はいはい」と従順を装いながら、裏では文句を言っていたりすることがありますが、そのような状態のとき、両者の間には大きな壁が存在していることになります。

[人が作ってしまう３つの壁]

①自分を守るための壁

- コンプレックスを隠したい
- 過去を知られたくない
- 私生活に触れられたくない

②相手に配慮している“つもり”が作る壁

- こんなことを言ったら失礼かもしれない
- どうせ話してもわかってもらえない

③自分中心が原因でできる壁

- 自分の希望を通そうとする
- つい命令口調になる

このうち①と③は思い当たる方も多いと思いますが、②については、驚かれる方もいらっしゃるかもしれません。よかれと思ってやってきたことが、壁を作っていたのか、と。ここで説明したのは気持ちが原因でできる壁ですが、外的要因でできる壁もあります。年齢差、男女差、世代の差、出身地の違い、組織における上下関係などを必要以上に意識することで、壁ができてしまうのです。

このようにどんな関係においても壁はできてしまうものですが、その一方で、**どんな関係においても、できてしまったその壁は崩すことができます。**

そのために最も重要なのは、相手に対して、一人の人間としてフォーカスすることです。**肩書や条件などを外した状態で、一対一の人間同士として対等にやりとりすること。**その積み重ねによって互いの間にできた壁を崩していくことができます。

とはいえ、部下のほうから上司に対しては、なかなか一対一の関係で……とはいかないものです。上司と部下の関係においては、やはり、最初に上の立場のほうから一歩踏み出すことが大切だと思います。

その一歩とは？　——それは、**相手を好きになろうとすることです。**

「好き」という感情は面白いもので、一目惚れの片想いということももちろん恋愛においては起こりますが、そうではないほとんどの場合には、まずこちらが好きにならないと相手はそう思ってくれません。特に上下関係のある組織の中では、下のものは叱られたり注意されたりすることも多く、萎縮している場合もあるはずです。そういう環境の中で仕事を楽しむことは困難です。チーム（組織）への帰属意識はどんどんなくなっていきます。

「そうはいっても、まったく仕事ができないんだから」
「最近の若いやつの考えていることはわからないよ」

などと思い込むのはやめましょう。組織の中で、ともに目的を持って仕事を進めていくからには、個人的な好き嫌いの感情は抑えるべきです。

相手の長所を見つけられる、自分とは違う価値観を認められる度量が、上司には特に必要です。

若いころに上司にやられて嫌だったことを、自分はそうはしない！　と思っているにもかかわらず、ついやってしまうという場合もあるようです。理想の上司に会ったことがないから、どうすればいいのかわからない、と嘆く人もいます。

管理職の皆さんは、どなたも部下のマネジメントに迷っているようです。ですが、ほんの少し相手の心に寄り添うだけで劇的に関係性が改善できることは多いものです。

「飲み会でコミュニケーションを取ろうと思って毎日誘うんだけど、断られるんだ」という方は、誘うタイミングを変えてみてください。当日にいきなりではなく、数日前、あるいはもっと前から相手の都合を聞いて飲み会の設定をする。それさえも難しいようなら、相手は家に早く帰らなければならない事情があるのかもしれません。

介護や子育てなどを抱えている場合は夜は付き合えなくても仕方ないでしょう。あるいは会社が終わった後にデートや習い事などがあるのかもしれません。そのような場合は夜の飲み会に固執するのではなく、目的はコミュニケーションなのですから、たまにはゆっくりちょっと贅沢なランチに誘ってみる、仕事の合間にカフェに誘ってみるなどと、誘う形式を変えてみましょう。

「飲みに行こう！」ではなく「たまにはゆっくり話がしたいんだけど、いつなら行けるかな？」と聞いてみて、相手の希望を確認することが大事です。

こんなふうに書くと「どうして上司の自分が部下にそんなに気を遣わなければならないんだ！」と怒る人もいるのですが、目的を取り違えてはいけません。気を遣うのはあくまでも手段です。目的は、互いのコミュニケーションを高めて仕事を円滑に進めること。そう思えば、相手の都合を聞いて相手に合わせることなど、なんでもないことのはずです。

レッテルという名の壁

よく上司の口から出てくるのが「あいつは協調性がまったくないんだ」という部下への愚痴です。その理由を聞いてみると「いや、何回誘っても、飲み会にも休日の社内イベントにも顔を出さない」というのです。でも、この場合、本当の意味で協調性がないのは部下ではなく、上司のほうだ、ということも多いのです。

「終業後は一刻も早く家に帰って家族と過ごしたい」
「休日は会社のことは忘れてプライベートを優先したい」

このような価値観もあることを知ることが必要です。他人の価値観を否定しない、多様な価値観があることを肯定することが求められています。無理やり自分に言い聞かせて肯定するのではなく、**「多様な価値観こそハッピー」と受け止めることが大切です。**

自己重要感という言葉があります。これは、自分が自分のままで認められているというときに感じられるもので、生きていくために必要なエネルギーはここから生まれます。この自己重要感を高めるには、何よりも「承認される」ことが大事なのです。**互いに承認し合う関係になるためには、まずはマイナスの思い込みをなくすことから始めるといいでしょう。**

人は、初めての人と出会ったときに、無意識のうちに相手にレッテルを貼ってしまっています。

「なんとなく冷たそうな人だ」
「学生時代に苦手だった先生にそっくりだ」
「あんまり笑わない人だな、気難しいんだろうな……」

そんなふうに、勝手な印象で判断をしてしまった経験が皆さんにもあるのではないでしょうか。もちろん、最初からいい印象だった場合はいいのですが、そうではない場合はその決めつけを引きずらないようにしたいものです。

ビジネス書などでよく言われるのが「初対面ですべてが決まる！」というもので、最初の印象の大切さについては多くの人から聞かされてきたことと思いますが、これは、自分の印象をよくしてもらおうと気をつける際に考えるべきことであって、相手のことを判断する材料にしてはいけません。**初対面の印象で「こういう人だろう」と、相手にレッテルを貼ってしまうのはとても危険です。**

「遠慮」や「気遣い」が原因でできる壁

大人になったら、他者に対して遠慮や気遣いができる人間になりなさい——そう小さいころから教わって、一生懸命そうあるべきだと頑張っている人は多いと思います。その努力を否定するつもりはありませんが、あくまでもケースバイケースであることを知っておくことも重要です。

こんな会話で考えてみましょう。

上司　「残業お疲れさま！　お礼に、一杯ごちそうするから飲みに行こう！」
部下　「ありがとうございます!!　嬉しいなぁ」

というような会話、きっと今日もいたるところで交わされているのではないでしょうか。残業をねぎらいたい上司と、残業を評価されたい部下の麗しい会話のように見えますね。

ですが、この会話の裏にこんな本音があったとしたらどうでしょうか。

上司「残業お疲れさま！　頑張ってくれたから、帰りに一杯ごちそうするよ」
（ああ……、また俺のお小遣いが減っていくなぁ。でも、部下の士気を高めるためだから仕方ないよな）

部下「ありがとうございます‼　嬉しいなぁ」
（ええっ、ただでさえ毎日遅くて家でご飯を食べられないのに。また妻が嫌な顔をするなぁ……。でも、せっかくごちそうしてくれようとしているのに断ったら失礼だよな。気持ちはありがたいしなぁ）

どうでしょう。それぞれの本音を見ると、互いに相手に対して気遣い、遠慮して自分の意思を隠しています。これは、表面的にはいい関係に思えたとしても、やはり壁のある関係と言わざるを得ません。お互いの気遣いのバランスに差がない間はいいのですが、互いに自分が気を遣っているという自覚がある分、バランスが崩れてこじれたときには問題がより深刻になってしまうことがあります。

とはいえ、お互いが本音を話せばいいというものでもありません。

上司「お疲れさま！　ごちそうしてやりたいけど、俺もお金がなくてな……。割り勘で行くか！」

部下「いえいえ、家に帰れば妻が作ったご飯があるので、自分でお金を払ってまでは行きたくありません」

こんな会話では、上司と部下の良い関係など望むべくもありません。では、どうすればいいのでしょうか。最も簡単なテクニックの一つは「相手の意思を確認する」ことです。

上司「残業お疲れさま。帰りに一杯ごちそうしたいところだけど、どうかな？」
（と、相手の意思を確認する）

部下「ありがとうございます。ですが、家で妻がご飯を作ってくれていますので今日は帰ります。別の機会にぜひ誘ってください」

（と、自分の家庭の事情を伝えつつ、次の機会を楽しみにしていることを伝える）

「行こう！」ではなくて「どうかな？」と相手の返事を待つ姿勢を見せることで、イエスかノーかではない、もう一歩踏み込んだ事情を知ることができます。奥さんが毎日ご飯を作っているのなら、当日いきなり誘うのは迷惑なんだな、飲みに行く場合はあらかじめ日を決めておくことが必要だな、ということがわかります。上司の方も、相手が本当に喜んでくれるタイミングでお金を使うことができます。

上司の中には「あいつはいつ誘ってもついてくる」と、部下の従順な態度を「自分は好かれている」と受け取って喜んでいる人もいるようですが、誘われて心から喜んでいるのか？　無理をさせていないか？　ということまで考えてみることが大切です。行動ではなく、感情に注目しましょう。

また、部下のほうも、気遣いや遠慮によって本心を隠し続けているという状況は、自分から壁を作っているのと同じです。壁を作っておきながら「上司は自分の事情を全然わかってくれない」と内心で不満に思っていても、何も改善していきません。互いが相手を思いやっているつもりなのに、間にある壁はどんどん高く厚くなり、コミュニケーションはどんどん困難になっていきます。

「我慢」や「無理」が原因でできる壁

部下に好かれている上司、あるいは上司に可愛がられている部下。どの職場にもそういう存在の一人や二人はいるようです。上司も部下も、自分もそうなりたいものだと感じている人は多いことと思います。

私が懸念するのは「無理をしすぎていないといいけれど……」ということです。部下に慕われるために、自分自身がストレスをためてしまっているということはないでしょうか。上司に可愛がられるために、いつでも上司の都合に合わせるイエスマンになってしまっていませんか？　そのせいで陰では「何を考えているのかよくわからない」なんて思われているかもしれません。

我慢も無理も、社会生活においては必要なものです。誰もが言いたい放題、やりたい放題では組織はうまくいきません。ただ、我慢するポイント、無理するポイントを間違えないようにしたいものです。

ほとんどの人は、知らず知らずのうちに我慢する癖が身についています。親から「我慢しなさい！」と一度も言われたことがない人が滅多にいないことからもわかるように、我慢は基本的には「よいこと」「すべきこと」だと刷り込まれているものなのです。人間関係を円滑に、また社会生活をつつがなく過ごすために身につけるべき美徳の一つだ、という認識です。

ですが、**我慢によって失われるものがある**ことも知っておくべきでしょう。それは何か？　——それは、**「自分が本当になりたい姿」を実現する可能性です。**敵を作りたくない、誰かに叱られたくない、いい人だと思われたい、目立ちたくない……など、さまざまな理由で人は我慢をしています。そのせいで、我慢の壁を自分の周りに張りめぐらしてはいないでしょうか。そのせいで、息苦しくなったり、閉塞感を覚えたりしていないでしょうか。

他人から嫌われることに必要以上の恐怖感を持っている人が多いものですが、どんなことにも裏と表があり、**誰かから嫌われるということは、別の側から見ると「エッジが立っている」「個性がある」ということです。**そのエッジを隠すことなく個性を出していくことで、誰かからは嫌われたとしても、また別の誰かからは好かれる、ということも起こるはずです。

我慢を否定しているのではありません。ただのわがままと我慢は明確に区別されるべきものですし、したほうがいい我慢、というものもあります。

したほうがいい我慢とは、将来につながる我慢です。いつか報われる我慢なのか、あるいはただその場をやりすごすだけのものなのかを間違えないようにして下さい。

我慢して得る「嫌われない」ポジションと、我慢しないで得る「あなた自身の個性への好意」、どちらが嬉しいでしょうか。

自分はいつも我慢ばかりしている、と、もし感じているなら、少しずつ、我慢を手放す勇気、嫌われる勇気を持つことをおすすめします。

「努力」や「理念」が原因でできる壁

私が研修講師を務めた社員十数人の企業で、こんな例がありました。

経営者は日本でもトップクラスの一流大学を卒業した方で、非常に勉強家。常に組織をよくしようとたくさんの本を読み、研究を怠りません。

ザ・リッツ・カールトン・ホテルの掲げるサービスの基本精神を記した立派なクレドに心酔している社長は、それをオフィスの目立つ場所に掲げています。ザ・リッツ・カールトン・ホテルの経営理念については、朝礼などでもことあるごとに社員に話しています。「私たちもリッツのような精神で」というのが口癖です。

さらに社員の業務についての考え方なども理解したい、それによってよりよいアドバイスがしたいと考えて、毎日レポート用紙２枚の業務レポートを提出させ、毎晩全社員分に自ら目を通しているという奮闘ぶりです。

「でも、なぜか社内の雰囲気がぎこちないんです」と、社長。
「こんなに頑張っているのに、社員が何を考えているのかがよくわからない……」
というのです。

この研修において、講師の私に与えられたミッションは「社内の雰囲気を改善して風通しをよくすること」でした。社長の真面目な奮闘ぶりと日々の大変な努力を聞いたあとで、私が最初に言ったのはたった一言。

「そのレポート、やめてみましょう！」

それを聞いたときの社長の顔は、今でも忘れられません。大切なことだと思うから、自分の時間を削ってまで毎日チェックしているのに、なんてことを言うんだ！　と、ものすごい表情で怒っています。

ですが私の目には、その社長の人並み以上の努力が壁を作っているように思えてなりませんでした。

社員は、みんながみんな社長のように優秀なわけでも努力家なわけでもありません。毎日の仕事が終わったあとで、２枚のレポートを書くのが苦痛でたまらないと感じている人も多いはずです。そこが、努力家で頭もよくてスラスラと文章が書ける社長にはわからないのです。

完全にやめなくてもいいから、毎日５行程度の簡単なものに変えましょう、という提案を「だまされたつもりで」と社長は取り入れてくれました。

２週間後、その後の経過を尋ねてみると「なんだか社員の笑顔が増えた気がする」と喜んでいます。

でも、まだ望んでいたほどの状態ではありません。今度の悩みは「クレドがなかなか浸透しないんだ」ということです。こんなに立派なクレドなのに、と嘆いています。

「社長、みんなでザ・リッツ・カールトン・ホテルに泊まりに行ってみましょうか」

それが私からのアドバイスでした。社長はザ・リッツ・カールトン・ホテルのクレドに惚れ込み、自分の会社でもそれを取り入れたいと張り切っているわけですが、社員にとってザ・リッツ・カールトン・ホテルは決して身近なものではありません。社員の給与では、そう簡単に泊まりに行くことはできないのです。

社長がいくら「ザ・リッツ・カールトン・ホテルでは……」と力説しても、いや、力説すればするほど、社員との間に「リッツの壁」ができてしまうのです。リッツ体験者と未体験者の間にある壁は、全員がリッツを体験することでしか乗り越えることができません。

壁がある状態では、どんなに素晴らしいクレドも理念も相手の心には届きません。

届けたいと思うなら、体験の共有を通じてその壁を壊すことから始めなければなりません。頭のよい優秀な経営者にありがちなのが、クレドありきでチームを作ろうとしてしまうことです。本来は、逆であるべきなのです。

チーム力を高めるのが先、その後にクレドの共有です。この順番を間違ってはいけません。

「仲間意識」や「人気」が原因でできる壁

部下から絶大な人気のある上司、後輩からとても好かれている先輩社員という方と研修などで話してみると、意外な悩みを打ち明けられることがあります。

「隣の部の部長からの風当たりが強くて、困っています」
「同期からなんとなく避けられている感じがする」
といった悩みがあるというのです。

賢明な読者の皆さんはそう聞くと、「ははーん。人気者だから嫉妬されているのでは」と、その理由にピンとくることでしょう。そう、この嫉妬という感情は、組織内に実に大きな壁をはりめぐらしてしまいます。

自分が部下や後輩、仲間から慕われているという状況は実に気持ちのいいものです。その中にいると居心地がよいので、つい周りへの配慮が欠けてしまいがちです。周りというのは、自分よりさらに上のポジションの上司たちであったり、隣の部署の同僚であったり、あるいは取引先の企業、他社の友人なども含まれます。

どこかで誰かが、あなたが手にしている和気あいあいの雰囲気に嫉妬している可能性があります。

企業でよく見かけるのは、例えばこんな関係です。

社長、副社長、課長の3人がいて、それぞれみんな人格者で、仕事ぶりも優秀な人たちです。社長と副社長は同年代、課長はそれより10歳以上若くて人柄もよく、部下とも仲良くやっているので業績も上がっています。

社長は、副社長と課長それぞれのよいところを等分に認め評価もしているのですが、ついつい若い課長には声もかけやすく、可愛がっているという様子が見られます。

このような状況において起こりがちなのが、間に挟まれた人間、ここでは副社長の嫉妬です。課長は、決して社長に目をかけられて「いい気」になっているわけではないのですが、副社長の目にはそう映ってしまいます。そうすると、ドンと壁ができ上

[嫉妬が原因でできる壁]

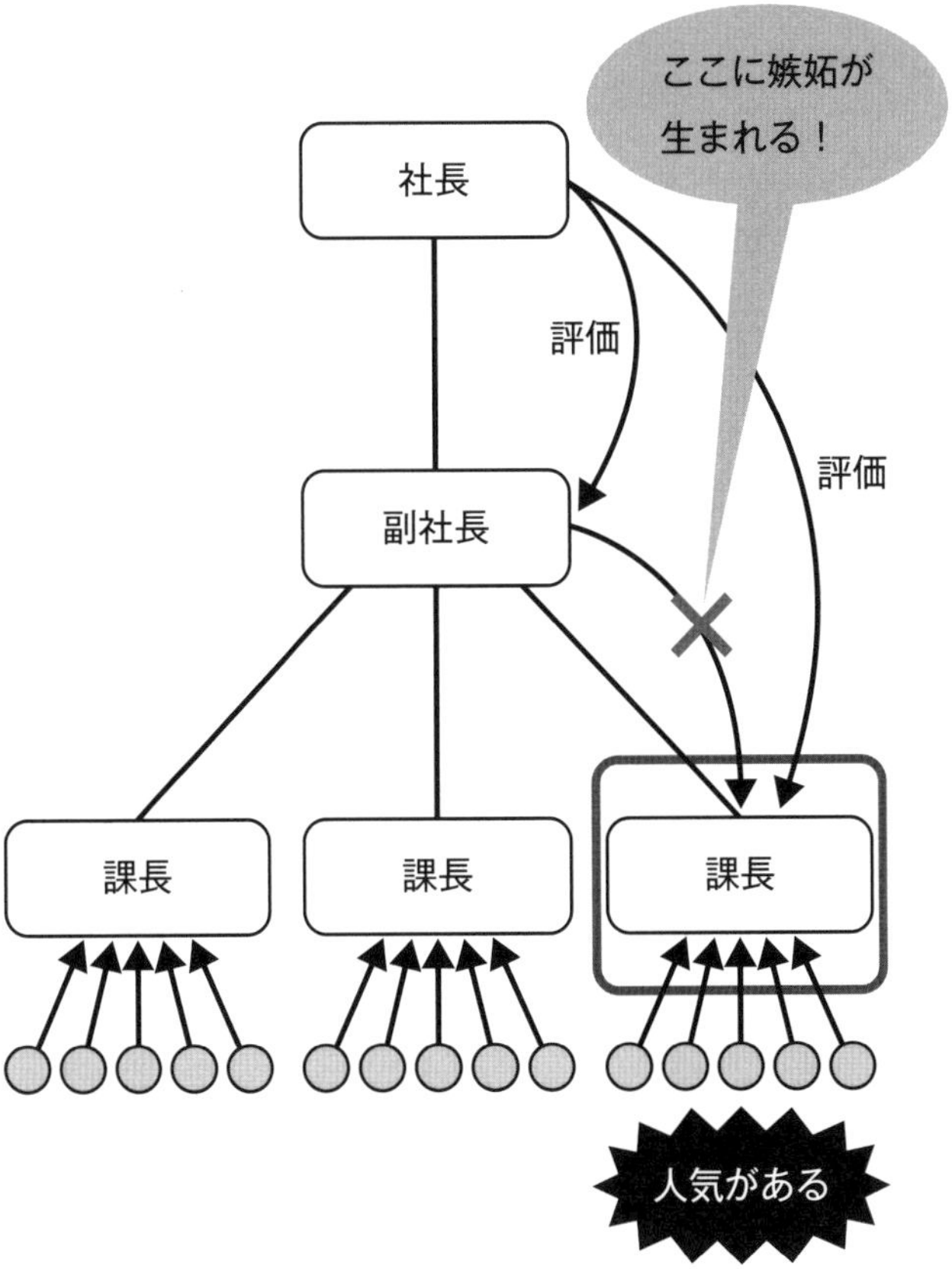
ここに嫉妬が
生まれる！
社長
評価
評価
副社長
課長
課長
課長
人気がある

がって、副社長と課長の意思疎通が大変困難になってしまうのです。それどころか、あからさまないじめが始まることもあります。本来ならそれぞれ優秀かつ人柄もよい人たちなのに、その中で争い事が起こってしまうのです。

このとき考えなければならないのは、自分と仲間だけではなく、チーム全体のパフォーマンスです。俯瞰で組織内を見つめて、それぞれのポジションのプライドが満たされているかどうかを確認することがとても重要です。**小さな自分の周りだけの満足ではなく、組織全体について配慮することが必要になります。**

嫉妬というのは、能力の劣った人が自分より優秀な人に対して抱くだけのものではありません。優秀な人同士でも嫉妬はあるし、明らかに活躍の場が違っているので本来はライバルになりようがなくても、嫉妬という感情が生まれることもあります。

誰かから嫉妬されていて、それが壁になっているなと感じたら、そのときは相手が悪いのではなく、自分自身が相手のプライドに対する配慮が足りないのかもしれない、と考えてみることが大切です。そして、それを満たすための何よりの特効薬は、承認することです。相手の素晴らしいところを見つけて、それを伝えましょう。嫉妬の壁は放っておくとどんどん大きくなってしまうので、気がついたときにすぐ対処することが大切です。

第2章

チームにできた「壁」を崩す5つの行動

準備　「9つのラベル」で自分のことを理解する

自分の周りにある壁に気づくことはできたでしょうか。壁は1種類ではありません。相手によって、現れる壁の高さも厚さも頑丈さもそれぞれ違うものですし、さらに相手がどんな壁を作っているかによっても変わります。

ただ、壁を崩すために大切なのは、どんな場合でもまず壁があることを認める、ということです。壁の存在に見て見ぬふりをしない。どのくらいの壁があるのかをきちんと知ることが大切です。敵を知らないことには戦う術を見つけることができません。正しく認識した上で、その壁を崩すための行動を起こしましょう。壁があるままでは、丈夫な橋を架けることはできません。

まずは自分自身の壁に、窓を開けることから始めましょう。

自分自身の壁に窓を開けるために大切なのは、自分自身についての情報をオープンにしていくことです。そう言われても、今さら改まって何を話せばいいのかわからない、という方に、「９つのラベル」で自分を知る方法をご紹介します。

私は企業研修などで、年間３０００人以上の新しい方とお会いしますが、ほとんどの方が自己認識、アイデンティティー、自分とは何者か、ということを把握できていません。

そこで、「自分とは何者か」を深く理解するために、「９つのラベル」を使う方法を編み出しました。

９枚の紙に、それぞれ自己認識のラベルを書き込んで自分自身のエネルギーを分散していきます。仕事、趣味、プライベートや、自分の過去・未来などをバランスよく認識することによって現在の自分自身を知ることができます。


どのように進めるのか、ご説明しましょう。

ラベルとは、「あなたを表すもの」「あなたが好きなもの」「あなたが属するもの」などです。例えば、ある女性会社員はこう書き出しました。

［９つのラベル］　ある女性会社員の場合

主婦	2児の母	東京出身
読書	会計業務	O型
テニス	慶應義塾 大学卒業	日本人

ラベルに書き込む事柄には、特に何の制限もありません。思いついたことを何でも書いて構いません。書くことが思いつかなくて困ったときは、目安として

●好きな食べ物・苦手な食べ物
●出身地はどこか、そこはどんなところか
●子ども時代や学生時代の思い出
●好きな本、映画、音楽、スポーツなど
●家族のこと

などが書きやすいでしょう。それぞれの項目について、具体的に説明します。

●好きな食べ物、苦手な食べ物

できれば「ものすごく好きなもの」、「ものすごく嫌いなもの」など極端なものについて話してみましょう。単に「肉が好き」だけでは話が深まっていきません。

学生時代に実際にあった例ですが、サークルでの初顔合わせの自己紹介で、「ス

パゲッティミートソースの、ソースがかかっていない部分が好き」という話をした人がいて、変なことを言う人だなと思っていたら、「私も！　おんなじ!!」と嬉しそうに興奮して同意する人が現れて驚いたことがあります。その二人はその後急速に親しくなり、卒業後もずっと仲良く付き合っているようです。

これくらい「狭い」範囲の好き・嫌いを話してみるのがおすすめです。

●出身地はどこか　そこはどんなところか

決して自慢や卑下に走らないようにしましょう。また、聞くほうもステレオタイプな反応ではなく相手の感情をきちんと丁寧に読み取ることが大切です。

例えば私は北海道出身なのですが、そう言うと、ほぼ１００％の人が「いいね」と返してきます。その理由は「魚がおいしいんでしょ」「自然がいっぱいで気持ちよさそう」「ミルクやバターも新鮮でおいしいよね」といったことです。それらはもちろん北海道のよい部分ではありますが、実際のところ私自身は、実はそんなに好きな場所ではありません。

北海道にいるからといって毎日新鮮なイカやウニを食べているわけではないし、

牛乳やバターは普通にスーパーで購入していました。札幌に住んでいたので、皆さんが北海道と聞いてイメージするような自然いっぱいの環境でもありません。北海道というだけで誰もが「いいね」ということが、逆にプレッシャーになってしまうことも多いのです（プレッシャーも壁を作ります）。

●子ども時代や学生時代の思い出

誰にでも、子ども時代や学生時代のことで人に話してみたい思い出話があるはずです。同世代なら音楽やマンガ、流行した遊びやファッション・文化の話などで盛り上がることもできるでしょう。世代が違う場合は、興味を持って聞きましょう。違いを面白がるということも、壁に窓を開けるための大切な手段の一つです。

●好きな本、映画、音楽、スポーツなど

比較的話しやすい話題だと思いますが、お互いに相手の趣味を否定したりバカにしたりしないようにしてください。相手に合わせて自分の好みを隠す必要もありません（隠すことは、壁をより厚くしてしまうことにつながります）。

このような趣味の話題のときには、最近ＳＮＳでみんなが使っている「いいね！」という態度がふさわしいと思います。共通の好みが見つかったら、グッと距離を縮めることもできるはずです。

●家族のこと

両親や兄弟のこと、結婚しているなら妻や夫、子どもの話などは互いの間にある壁を壊すためにとても大きな働きをします。どんな家庭で育ったのか、どんな家庭を営んでいるかをイメージすることができると、相手を単に職務上の「上司」や「部下」ではなく、一人の人間としてとらえることができます。

行動1　自分をオープンにする

自分自身についての理解が進んだら、他の人に向かってその情報を開示していきましょう。

一対一で、あるいはチーム内でこの９つのラベルを見せ合います。そうすると、思っていたより相手のことを知らなかったこと、あるいは自分のことが相手に伝わっていないことに気づくことでしょう。そしてラベルがきっかけとなって、新しい発見が生まれ、会話につながります。

ある病院での事例です。院長とスタッフは仲が悪いわけではないのですが、普段はほとんど会話がありません。スタッフは若い女性が多いので、50代の院長のことを、「近寄りがたい」と感じて、尊敬はしているものの遠巻きに眺めています。院長も、スタッフへの好意や感謝はあるものの「若い女性と会話を楽しむなんて、できないなぁ」と思っていたそうです。

ところが、９つのラベルを互いに見せ合ったところ、院長のラベルの一つ「犬」に女性スタッフが飛びつきました。

「院長、犬がお好きなんですか？」

その質問をきっかけに、犬好きの人たちのトークで大いに盛り上がりました。普段は仕事の話しかしない院長とも、犬の話では対等に話せたことも嬉しかったようで、スタッフたちの院長に対する好感度はぐんと上がり、病院に対しての帰属意識も高まりました。このあと、普段の仕事でもチーム力がずいぶん上がったということです。

もう一つ、こんな例もありました。ある企業で「眼鏡」というラベルを作った男性管理職と若手の社員がいました。二人はお互いに「おっ」という感じで見つめ合っています。ただ、このとき、管理職は「眼鏡をかけている自分が嫌い」というネガティブな意味合いでラベルを作っていたのですが、若い社員は「眼鏡が大好き」という気持ちでラベルに書き込んだということでした。

「どうして嫌いなんですか？」「どうして好きなの？」と会話が生まれます。似合わないし、不便だし……と不満を並べる上司に部下は、「カッコいい眼鏡もありますよ！最近のは、かけ心地もいいですし」と助言をし、そのうち「じゃあ、今度一緒に眼鏡店に付き合ってくれよ」ということになりました。このおかげで、二人の距離がグッと縮まったことは間違いありません。

その後、7万円もする高価な眼鏡を購入した上司は「毎朝、眼鏡をかけるのが楽しい」とまで言うようになり、セルフイメージがずいぶん上がったと大喜びだったそうです。

このように、好きなことだけをラベルにする必要はありません。嫌いなことをあえてラベルにして公表することで、そこから会話が生まれたり、解決策が見つかったりすることもあります。

コンプレックスに感じていることを書き込んでもいいと思います。オープンにして、それに対して共感してもらったり意見を聞いたりすることで癒されて、ネガティブな記憶を塗り替えていくことができることもあります。

チーム内でラベルを見せ合う際の具体的なやり方としては、次のように進めてください。

①　各自が9つのラベルを作ります（15分程度）

自分についてのラベルなのですが「９つも思いつかない」という人も実はけっこう多いのです。全部が「嫌いなもの」ばかりでも構いません。思いついたことを正直に書き込むことで今の自分が見えてきます。

私の場合ならこうなります（P59図。現時点でのラベルです）。

機会を見つけて気軽に自分から口火を切って、このような話をしてみましょう。そのうちに自分自身の前にある壁が少しずつ崩れ出し、相手が壁によって感じていたプレッシャーは消えていくはずです。それに連れだんだん親しさも増していくでしょう。

そうなるためにも、決して一方的な自慢話のようにならないことだけはご注意ください。自慢話は、かえって壁を高くしてしまうことがあります。

どちらかというと、「苦手なんだ」「失敗したんだ」といった話のほうが壁に大きな窓を開けられることが多いようです。

最近の話だとなかなか話しにくいと思いますので、昔の失恋話などがいいと思います。上司が率先して「俺の失恋話を聞いてくれ」なんて言えるような組織は、それだけで風通しがぐんとよくなるに違いありません。

［９つのラベル］　私（道幸武久）の場合

ビジネス プロデューサー	講演家 セミナー講師	夫・父
一般社団法人 日本須麻比 協会副会長	NPOアニー こども福祉 協会理事	北海道出身
二居住 （東京・世田谷 と長野）	お酒が好き！ （魔王、 シーバスリーガル）	マーベル コミックスが好き （アイアンマン・ スパイダーマン など）

②　その後、ひとり10分ずつラベルについて説明します。ラベルに感情を乗せていくことを意識してください。

（例）
北海道　出身地ですが、あまり好きではない
白髪　最近増えてきました。とても嫌です
サッカー　中学、高校の部活で頑張りました。
今も週末フットサルを楽しんでいます

こんなふうに自分について話すことで、自分の壁に気づくことができます。弱点の開示が、実はいちばん自信につながっていきます。自信がつくと、自分の壁は消していくことができます。一方、成功体験は自慢になってしまうので、そればかりだと今度は相手側に壁ができてしまうことがあります。バランスが大切です。

③　聞いている人たちはその発表に対して、思ったことをどんどん口に出して伝えま

す。共感は何よりも癒しになり、間にある壁を崩すための強力な道具となります。ラベルにマニアックなことが書かれているほうが、共感もより強くなることが多いようです。

このような形での研修を行う際、自分をよく見せようと弱点を隠す人がいます。弱点を隠している間は、どうしても壁があることになります。多くの人にまで公開する必要はありませんが、せめて親しい人には伝えられるようにならないと、壁に窓を開けることはできません。誰にもマイナスとプラスはあります。マイナスは悪ではありません。それも含めての人間です。ぜひこのラベルを使って、自分自身のマイナスを開示する準備を始めてください。まずは家族など距離が近い人に聞いてもらいます。次に、仲の良い友人。マイナスを開示することで、より仲が深まっていくことを実感できるはずです。

さらにもっと関係を深めようと思うなら、普段は見せない自分自身のコンプレックスの部分や大きな失敗談などをオープンにするのがとても有効です。受験の失敗やいじめられた経験などを話せば、「そんなことまで自分に聞かせてくれるんだ」と相手は驚き、一気に壁は崩れます。簡単にできることではないですが、その分できたときには、相手の心にグッと入りこむことができるでしょう。

いったん壁に窓が開くと、そこからエネルギーが出入りして、どんどん大きくなっていきます。多くの人は閉じたまま生きているので、エネルギーが生まれないのです。

窓を開けるには、自分を開示すること。自分を開示するというのは、マイナス面も含めて自分の感情を相手に伝えて、それに共感してもらうということです。身につけている硬い鎧を外して、裸になってお風呂に入る……そのようなイメージで、自分自身を開示していってください。

行動2　本気で部下（上司・仲間）をほめてみる

人は誰も、他者から関心を持たれたり評価されたりしたいと望んでいるものです。ほめられたいと思わない人など、この世にいないのではないでしょうか。ほめられること、激励されることは魂にとっての酸素に等しく、それらがないと魂はいきいきと輝くことができません。そして、非常に単純な話なのですが、人は自分をほめてくれる人に対しては好意を抱くものです。私自身が過去を振り返ったとき、初めて好きだと思えた学校の先生は、認めてほめてくれた先生でした。

激励は、「おだてる」こととはまったく違います。飲食店など客商売の店で交わされるあいさつ代わりのほめ言葉や気持ちのこもらない表面上のおだては、相手には見抜かれてしまうものです。激励は字の通り「激しく励ます」ということで、励ますというのは相手のよいところやこれまでに成し遂げたことを認めつつ、もっと先の目標に向かう力があなたにはあるよ、と伝えて勇気づけてあげることです。上司と部下のように共にチームを組んでいる関係であれば、互いのいいところを見つけることはできるはずです。一ヵ月に一度でもかまいません。本気で相手をほめることを習慣にしてしまって下さい。

このとき注意したいのは、**横並びで同じようにほめるのでは相手の喜びにつながらない**、ということです。卑近な例で恐縮ですが、例えば合コンの席などで5人の参加女性がいて、全員に「皆さんきれいですね！」と言ったとしてもその言葉は社交辞令程度に受け取られて、誰の胸にも響かないのと同じです。一対一のスペースを作って、そこで相手をほめる、激励する。それが難しい場合は、それぞれについてオンリーワンの評価を全員の前で行うことが大切です。

あなたが5人のメンバーを束ねるチームリーダーだったとします。5人いれば、どうしてもその中で順位ができてしまいます。営業などの仕事であればそれは数字で明らかになりますし、作業が早い・遅いなどはメンバー間ではっきり差が出ることもあるでしょう。

そんなとき、上位の人、できる人のことをほめるのは簡単です。では、下位の人のことはどうほめてあげればいいのでしょうか。

そのときのコツは、やはり「できたことを見つけてほめる」ということに尽きるでしょう。**他の人との比較ではなく、その人自身の成長にフォーカスします。**人は励まされることで困難を克服していけるものです。

さらに、自分がつらい状態のときに励ましてくれた人に対しての感謝は、いつまでも持ち続けるものなので、励ました人はその後もずっと相手に対して影響力を持つことができます。また、自分を励ましてくれるリーダーのいるチームに対してメンバーは帰属意識を高めていくでしょう。ほめられて自尊心をくすぐられ、帰属意識が高まった人は、やる気に火がつくのでその後素晴らしい成長を遂げることが期待できます。

ほめることがどれほど劇的に相手を変えるのか、私が経験した実例をお話ししましょう。

ある地方都市に出張で行ったときに、ホテルのそばのドラッグストアで買い物をしました。そのとき、接客をした店の人の態度がとてもひどいものだったので、仕事先の方に「こんなことがあったんですよ」とつい愚痴ってしまったのです。そうすると、驚いたことに、その店はその方の親戚の経営だというのです。恐縮する私に「いやいや、私から後でひとこと言っておきますよ」と言うのでした。

翌日、買いたいものがあったので、なんとなく行きにくいなと思いながらもまた同じドラッグストアに出かけました。すると、前日と同じ店の人がニコニコしながら出てきて、打って変わって親切な対応をしてくれたのです。「これは、あの親戚の方が相当厳重に注意したのかな」と内心思い、気になってどんなふうに注意したのかを聞いてみたところ、その答えがびっくりでした。

「注意したんじゃないんです。実はちょっと嘘をつきました」というのですが、その嘘というのが「昨日、店に行った知人がお店のことをすごくほめていたよ！　小さな町の店なのに、これまで行った中でいちばんよかったって言っていた」というものでした。私の不満をそのまま伝えるのではなく、また注意をすることなく店の人の対応を格段によくしたのは、究極のテクニックだと感心しました。不満を伝えることが目的ではなく、対応をよくすることが目的だということ、その目的のためにはどうすればいいのかを判断しての行動だったのだと思います。

この例の場合も、もしも叱責していたら、その瞬間にドーンと厚い壁ができてしまったと思います。叱責で壁に窓を開けることは決してできません。組織においては、時には叱責すべき場合もありますが、そんなときは誰かがフォローする体制を用意しておくことを考えましょう。とにかく、相手の前に立ちはだかる壁を崩すためには、魂が震えるくらいの本気の激励が必要なのです。

行動3　「自分50」対「相手50」の法則

上司やリーダーになると、自分は常に教える側、聞かれる側であり、部下やメンバーから教えてもらったり聞いたりすることはない、と思いがちです。そのせいで、話すときにはつい自分のほうが多めに、あるいは自分ばかりが話してしまうことになります。

ですが、人生においては「人は皆、教師」です。それは年下であろうと新入社員であろうと変わりありません。このことは家庭における親子関係でも同じです。親が子から学ぶことも実はたくさんあるものなのです。

年が上だから、立場が上だからといってすべての面において優れているということはありません。若い人の素晴らしい発想、感性、また部下の優秀な能力にきちんと気づき注目すること、そして、その部分を評価し尊重する気持ちが大切です。

部下の意見を、ふんふんと聞いているふりだけをして聞き流したり、むきになって言い負かそうとする上司が大変多いのですが（親子の場合もそうですね）、そうではなくてよいところは積極的に認めたり感心したりして、どんどん取り入れていくべきです。そんなことをすると上司の威厳が崩れる……などと不安になるかもしれませんが、大丈夫です。上司と部下という関係において、威厳はもともと上司のほうに存在しています。さらに会話の主導権まで握ろうと欲張る必要はありません。

本来、**会話の理想形は互いが50対50で話し、聞くことです。**私の見てきた企業の多くは上司95、部下5というのが実情です。まずは、理想形が50対50であることを知ることから始めてください。これまでは、上司だから、無理してでも自分のほうがたくさん話さねばならない、と思い込んでいた人も結構多いのではないでしょうか。

考えてみると、部下の方が仕事についてはわからないことが多いのだから、たくさん聞いたり悩みを相談したりするのが当然です。なのに、部下が「わかりました」「はい」などの返事以外、ほとんど自由に話せないような状況だというのなら、それは上司がしゃべりすぎているか、抑え込んでいるか、ともかく責任は上司にあると言っても過言ではありません。

もしかして「ごちゃごちゃ言わずに、言われたことだけやっていればいい！」なんて、過去に怒鳴ってしまったことはありませんか？　そんなことを続けていてはいつまでたっても人間関係を構築できず、チーム力は上がらないままです。求める成果を出すことはまったく期待できないでしょう。

仕事の場ではどうしても上司から部下への指導が多くなることもあり、すぐに50対50が難しい場合もあるでしょう。そんなときは休み時間に、まずは30分程度でも部下との「50対50」の会話を試みてください。相手に興味を持って、質問することから始めるといいでしょう。

ただ、聞き出すばかりだと単なる情報収集だと思われて敬遠されることも考えられます。インプットとアウトプットは同じくらいが理想なので、自分のプライベートな話なども率先してすることが必要です。

会話を重ねて、それをお互いが楽しめれば、次第に壁に穴が開いていきます。たったそれだけのことで、仕事の業績が大いに上がることも多いのです。

行動4　突破口を見つける

少しずつ壁に窓が開き始めたら、タイミングを見計らってドーンと大きく突破口を開いて壁を崩したいものです。それには、**休日を一緒に過ごすなど、比較的長い時間をプライベートタイムで共有することが最も有効です。**

おすすめなのは、一緒に旅行に行くことです。昔はどの会社にも社員旅行というイベントがあったものですが、プライベート優先という配慮から、今はずいぶん少なくなったと聞きます。

これまでそんな習慣はなかったのですぐに社員旅行に行くのは難しい、という場合は、仕事帰りの夕食や飲み会を積み重ねていきましょう。このとき大事なのは「相手にとって『行きたい！』と思える誘いであるかどうか」ということです。飲み会が単に仕事の延長のような場になってしまっては、行きたいと思ってはもらえません。また、開始時間や終了時間、開催場所などについても相手の立場に立った配慮が必要です。できる限り相手の希望に合わせましょう。

関係性を築きたいと焦るあまり、いきなり「週末に日帰りで山に登ろう！　一緒に汗をかこう！」などと誘っても、大半の人にとっては迷惑でしかありません。ましてや最初から「旅行に行こう」というのでは、かえって相手は引いてしまいます。

これは男女の付き合いの段階で考えるとすぐにピンとくるのではないでしょうか。最初のデートで旅行に誘うようなことは通常はあり得ないはずです。いきなり登山も、ないですよね。やはり、コーヒーや食事から始めるのが無難でしょう。旅行や登山を計画するのは、一つひとつ丁寧に段階を積み上げていったあとです。「そろそろ大丈夫かな」そう思えたら、社員旅行を提案してみましょう。

ところが、週末を使っての旅行となると、面倒くさいなぁと感じたりプライベートの時間を侵されていると感じたりして拒否する部下も出てきます。そんなときに、頭から「協調性がない！」などと決めつけて怒鳴ったり文句を言ったりしてはいけません。そうすると、一気に壁ができ上がってしまいます。どんな旅行だったら行きたいと思うのか？　を上司から問いかけて、部下の本音を引き出しましょう。

なぜ休みの日に会社のイベントに参加しないといけないのか？　と聞いてくる部下もいるでしょう。その場合は「年間の休みは１００日以上あるはずだ。そのうちのたった２日間を、仕事仲間ですごすことに費やしてくれないか」と説得しましょう。それでも嫌がる人には必ず理由があるはずで、それが何かを探り当て、理由によって対応を変える必要があります。

「休みの日は趣味のテニスがしたい」というのなら、テニスを旅行に組み込みましょう。その部下にコーチを務めてもらい、みんなで習うのもいいかもしれません。「休みの日は家族サービスしないと妻に怒られる」というのなら、例えば家族同伴でも楽しめるような企画を考えることで解決できるかもしれません。バーベキューなどは喜ばれる可能性があります。ただし、そのときには上司がいちばんしんどい部分を受け持って、誰よりも働かなければなりません。普段の業務のときと立場を逆転させて、新入社員が命令して上司が動く、というようなゲーム性も組み込むとよりよいと思います。家族へのお土産を持たせるといった配慮も、結構効き目があります。

「いいえ、とにかくプライベートな時間は会社の人とは過ごしたくないんです」とかたくなに言われたときは、どうすればいいでしょうか。そのときは、まだ「突破口を開く」タイミングではないんだな、と考えてください。前述した行動1から順に、もう一度やり直しましょう。

プライベートタイムを一緒に過ごしたときの理想形は「楽しかった。また行きたい」と思ってもらうことです。女性が多い職場では、ディズニーランドパワーを使うのがおすすめです。「このプロジェクトチームの結束を固めるために、みんなでディズニーランドに行こう」というのは、一種の魔法の言葉で、一気に団結が強まることも多いようです。みんなでワイワイ楽しめば、場の力もあって簡単に壁が取り払われて仲良くなれます。夜に簡単なミーティングを開いて「私たちもディズニーランドみたいに人を幸せにする組織にしよう！」などと言えば、大いに盛り上がることは間違いありません。

そのほか、一緒にスポーツの応援に行くのも壁を崩す大きなきっかけになります。

相手の好きなスポーツチームを聞いて、その応援に誘ってみましょう。

趣味をともにするのもいいでしょう。釣りが好きな部下なら、船を借りて一緒に海に出てみる。食いしん坊の部下なら、話題のレストランなどに誘ってあげると大いに喜んでくれるはずです。どんなときも大切なのは、自分の価値観に引っ張り込むのではなく、相手の価値観に寄り添うことです。それさえできれば、一緒にプライベートの時間を過ごすことを拒否されることは少ないはずです。

ケースバイケースではありますが、自宅に誘うのも、突破口を開く大きなきっかけになります。自分の家族を紹介するのは、自分側の壁をかなり大きく開くことになるので、それがきっかけで相手も壁を開いてくれる可能性が高まります。こちらの窓を大きくすることで相手が入り込みやすくなるのです。

仕事とプライベートは、本来は分けておくべきものですが、時にはうまく見せながら混ぜ合わせることで、組織やチームの結束を高めていくことができるのです。

行動5　相手を好きになる

子どものころは、大人になった今よりも、好きな人が多かったような気がしませんか？　クラスメートや近所の友達など、出会ってすぐに好きになってあっという間に仲良くなれたのではないでしょうか。ですが大人になるにつれて、だんだん「好き」になる前の条件が増えていくようです。それどころか、なんとなく気に入らない、虫が好かないなんていう勝手な思い込みで「あの人のことはどうしても好きになれない」と勝手に判断してしまうことも多くなります。

この章では、チームや組織の力をアップさせるための「壁」の崩し方を研究しているわけですが、**やはり大事なのは「相手を好きになる」ことです。**「好きじゃない」「まったく好きになれない」と思っていたとしても、どこかいいところがあるだろう、という目で改めて見るようにしてください。無理に好きになろうとするのではなく、好きじゃないという自分の思い込みをいったん見直してみるというイメージです。

組織における上下関係の中で、もうすでにでき上がってしまっている否定的な評価についても、見直しが必要です。

「まったく使えないやつだな」

「うちの上司は最悪だ！」

そんなふうに思い込んで決めつけている間は、関係の改善は望めません。そういうふうに思い込むに至った理由は、実は周りの噂であったり、たった数回の出来事からの印象であったりします。たいていの人は、そのたった2、3回で相手にレッテルを貼って「こういう人だ」と決めつけてしまうのです。

人間はそんなに簡単にすべてが見えるものではありません。まだまだ本当のよさが眠っているだけ、引き出せていないだけかもしれません。

人が人を好きになる理由は、なかなか言葉で明確には説明できないので、どうすれば好きになれるか、直接的なアドバイスはできませんが、まずは「これまでとは違う視点で相手を見てみる」ことから始めるといいでしょう。そのときは「素晴らしいところがきっとあるはずだから、それを見つけよう」という気持ちが大切です。嫌いな人が多い人生よりは、好きな人が多い人生のほうがずっと楽しくなるはずです。誰かを好きになることは、そのまま自分の幸せにもつながっていくのです。

具体的な行動としては、プライベートの部分を共有してみるといいかもしれません。普段の顔に触れるチャンスなので、いいところの発見につながるでしょう。仕事場の顔以外の部分も知っていることが、お互いの距離を近づけてもくれます。プライベートを一緒にと言うと、すぐに「じゃあ飲みにでも行くか」と思う人が多いのですが、それも相手によっては押しつけに感じたり、プライベート時間の侵害に感じたりすることもあります。最近はお酒を飲まない人も増えているので、その場合は、おいしいコーヒーが飲めるカフェなどに誘ってみるのもオススメです。

ただし、セクハラやパワハラにならないようにご注意を。強引な誘いはそのように受け止められてしまうこともありますので、誘い方や会話の内容には十分な配慮が必要です。

仕事の場では、結果ではなく、部下の視点ややり方に興味を持って見つめてみましょう。少しでもいいな、と思ったことについてはすぐにほめて「ありがとう」と感謝します。ほめられた部下は嬉しくてますます頑張ってくれるでしょう。

こんなことを言っていますが、私もかつて営業部門のマネージャーだったころに、成績の悪い部下をどうしても好きになれなかった経験があります。部下の成績はチームの評価、ひいては管理職としての私自身の評価につながることなので、その部下が私の足を引っ張っていると感じてしまい、嫌悪感が高まっていったのです。当時は忙しくて毎晩遅くまで仕事をしていたので、プライベート時間を一緒に過ごすこともできませんでした。

ただ、一週間の激務のあと、週末の仕事帰りにカラオケに行ってみんなで一週間のストレスを発散しよう！　という習慣があって、毎週チーム全員が参加してワイワイ盛り上がっていました。そのカラオケ会に何度か参加するうちに気づいたことがありました。好きになれないと遠ざけていた部下が、誰よりも一生懸命にその場を盛り上げてくれているのです。「あ、こいつも頑張ってるんだな」と心から思えた瞬間でした。

［２・６・２の法則でチーム全体をとらえよう］

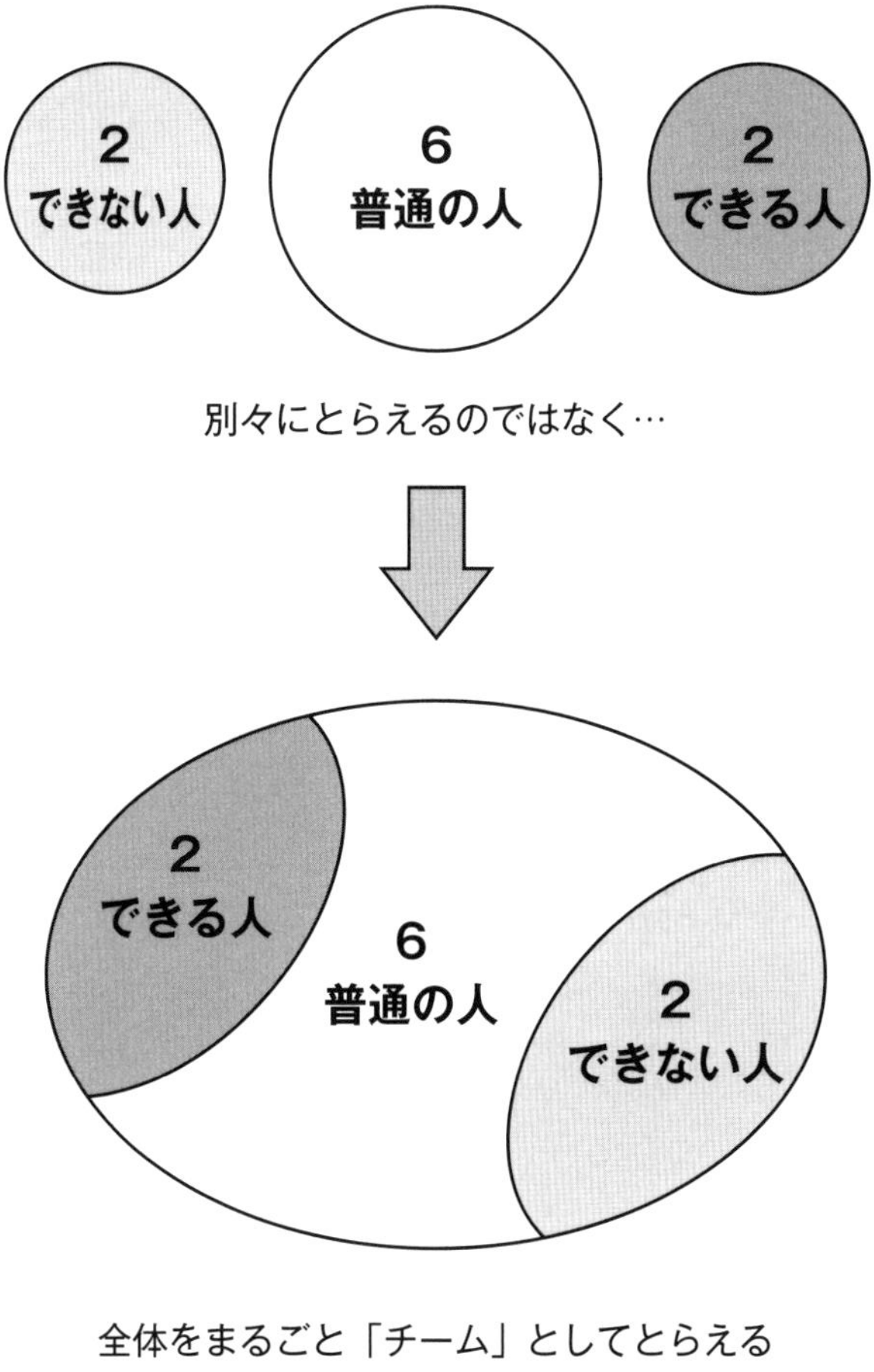

それをきっかけに、彼にもチームの一人としての存在価値があることを認められるようになって、そのおかげかチームの雰囲気がどんどんよくなっていったのを覚えています。結果、それに伴うように、営業成績もぐんぐん伸びていきました。

「2・6・2の法則」という言葉、皆さんもお聞きになったことがあるでしょうか。どんな集団も、「2」のできる人たちと「6」の普通の人たちと「2」のできない人たちの割合で構成されているという法則です。

たとえ、チームの中のできない2割のメンバーを、ほかのチームのできる2割の人と取り替えたとしても、また新しい集団の中で「2・6・2」の割合に分かれてしまうのです。

できない「2」の人たちを排除するのではなく、逆にその存在に感謝することが大事なのだと、今の私にはわかります。この人たちがいるおかげで、ほかの「2と6」の人たちが存在できるのです。

部分だけを見て嫌いにならずに、全体をひっくるめて好きになることが、とても大切です。

この章で紹介した壁を崩すための５つの行動を繰り返し実践することによって、これまでに比べて、視界はだんだんと広がっていくはずです。相手のよいところが見え出したり、自分への部下の態度がやわらかくなったりということに気づくようになるでしょう。

そうなったときには、少しずつではありますが「橋」が架かり始めています。次章では、橋をゆるぎないものにしていくための５つのステップについてお話しします。

第3章

チームに「橋」を架ける5つのSTEP

「糸の橋」から「石の橋」へ

この章では、橋の５つの段階とその架け方について順に説明していきます。ステップ１の「糸」でつながった糸電話のような状態の橋から始まって、ステップ５の何があってもびくともしないような「石」の橋へと、より強固なものを目指していくわけですが、まずは**自分たちが、今どんな状態の橋を架け合えているのかを知ること**が大切です。相手ごとに違う橋が架かっているはずです。また、チームの中には複数の橋が架かっているでしょうが、それぞれの橋が同じ状態ではないこともよくあります。今、自分の前にはどんな橋が架かっているでしょうか？

次に考えたいのが、**どんな橋を目指すのか**、です。すべての人と石の橋でつながり合う必要はありません。関係性によってどの橋がゴールなのかは違ってくるはずです。これは異性との関係と同じようなイメージです。あなたが男性だとして、出会った女性のすべてと石の橋に象徴されるような深い結びつきを求める必要はないし、そうするとかえってトラブルを引き起こしてしまいかねません。

[橋を架けるためのチェックポイント]

①自分と○○さんの間にはどんな橋が架かっているのか？具体的にイメージする

②相手ごとにどんな橋が理想の状態なのかをイメージする

③いつまでにどんな橋を架けたいのかを目標設定する

最後に、**「いつまでに」という時期の目標を設定します。**ただ、これは決めた通りにいかないことも多いので、あまり期限にこだわりすぎないようにしてください。人間関係は時間をかければそれに比例して必ずよくなっていく、というものではありません。出会ってすぐに親友になれることもあれば、10年以上毎日顔を合わせていてもまったく親しくなれない、ということもあります。

次から始まる各ステップの説明を、「今、どういう関係にいるのか」を知りたい人の顔を思い浮かべながら読んでみてください。関係性は何か出来事があるたびに変わるものですから、何度でも読み返して、そのたびに今どこのステップにいるのかを確認するようにしましょう。前回よりも進んでいたら、自分自身に対して「よくやった」と承認してあげてください。もし後退していた場合は、あきらめずに再度その場所からできることをコツコツ実行していきましょう。

チームのリーダーで部下がたくさんいる人は、それぞれの部下と、今どのステップなのかを確認します。全員とステップ1なら、ステップ2を目指せばいいですし、チーム内にステップ1の人や2、3の人などが混在している場合は、そのムラをなくすような動きをとることも大切です。

STEP1　「糸の橋」をつなぐ

壁に窓が開いたら、そこから相手に向かって橋を架けていきましょう。とはいえ、いきなりどっしりとした強固な橋を架けることはできません。何事も、コツコツと積み重ねていくことが大切です。

最初は、「糸」から始めます。

糸電話をイメージしてください。相手と自分の間に一本の糸をつなぎます。これなら、壁がまだ残っていたとしても、小さな穴さえあいていれば可能です。距離が少しあっても、糸であれば長い糸を探すのもそう難しいことではありません。

糸なんて頼りないな、と思われるかもしれませんが、これまでは互いの間に壁が存在していて顔さえ見えなかったことを思うと、穴から顔をのぞくこともできて、言葉を伝え合うこともできるのですから、最初のステップとしてはこれで充分です。この糸をどんどん強く太くしていくことを考えましょう。

糸の橋が架かっている状態とは、例えば、

- ●挨拶を自然に交わしあえる
- ●笑顔を見せてくれる
- ●視線を合わせて話ができる
- ●電話の取り次ぎの際に、明るくて感じがよい
- ●不在中の伝言メモが丁寧で読みやすい

といった程度でしょうか。

この段階で気をつけたいのは、そこから急激に進めようと焦らないように、ということです。一気に作った橋は、また一気に壊れてしまいます。細い頼りない糸でも、

半年つむぎ続ければ立派なロープになることでしょう。人と人の関係は、基本的にはじっくりと育てていく必要があります。

「今の私たちは、糸くらいかな？」ということを正しく認識できることが重要です。まだまだ糸の橋だから、このままだと不安だな、もっと太くしたいなとお互いが同じように思うことが大切なのです。ちょっとハラハラして気をつけるくらいのほうが、最初はうまくいきます。

STEP2 「ロープの橋」を架ける

双方で糸をつむぎ続けていけば、だんだんと太くなり、やがて「ロープ」になります。次の段階として目指すのは、このロープの橋が架かっている状態です。

例をあげれば、

●こちらから尋ねる前に報告がある
●気軽にアドバイスを求められる
●昼食を一緒に食べに行くのが互いに喜びである
●仕事の合間に軽いおしゃべりを楽しむ

などができる状態でしょうか。
そういう人なら、会社にたくさんいるよ！　という方も多いでしょう。それなら、今の段階でロープの橋は存在しています。ここからさらに強固な橋を作っていきたいですね。

でも、ロープのままだと、ちょっとした衝撃でいとも簡単に切れてしまうことがあります。また、渡るときにも１００％安心することはできません。なんとなく、足元を見ながらこわごわ渡っていく、というイメージです。また、ロープの橋は、互いの状況が変わったときには（例えば会社を退職する、部署が異動になるなど）、突然切られてしまうことがほとんどです。

STEP3 「丸太の橋」を架ける

ロープの橋を架けることができたら、それをもっと足元の確かな橋に育てていきましょう。次の段階は、「丸太」の橋です。

丸太の橋が架かっている状態とは、

●仕事帰りに、誘い合って飲みに行くこともある
●お互いの目標をわかっている
●お互いの好きなことを知っている
●困っているときにすぐに相談できる

というような関係です。１００点満点の関係があるとすれば、60点か70点くらいの関係といっていいでしょう。社内や組織内の人間関係としては、まずはここまできたら合格点だと思います。現時点で壁が立ちはだかって、一本の糸さえ通せないという

チームは、この丸太の橋を一応のゴールと定めて、まずここまで頑張っていただきたいと思います。丸太の橋が架かれば、日常業務に支障が出ない程度のチームワークはでき上がっているはずです。

STEP2ではランチだったのが、ここでは仕事帰りに飲みに行く、という状況になっています。この差は実は結構大きく、なかなかこの段階まで進めずに足踏みしている関係も多いようです。

というのも、ランチは、もしもあまり気が進まなかったとしても、業務時間中のことだという意識と、長くても一時間以内という安心感があるので、たいていの人は付き合ってくれるからです。

ところが、夜の誘いの場合は、業務後のプライベートタイムであることや、時間もどのくらいかかるかわからないということから、拒否する人も多いはずです。

京セラの名誉会長である稲盛和夫さんは、たくさんの著書やインタビューの中で繰り返し「ノミュニケーション」の大切さを語っています。日本人の場合、やはり一緒に飲む（必ずしもアルコールである必要はありません）ことが心をつなげてくれるのは否定できない、と私も感じています。

ほんの少しでも心理学について勉強しておくと、たくさんのヒントが得られます。ここで、非常に簡単にではありますがフロイトとユング、そして今大人気のアドラーについて私なりの解釈を提示しておきます。

フロイト（ジークムント・フロイト）は、人間の行動の背景にはすべて心理的な裏付けが存在すると考えました。そしてそのほとんどは「無意識である」と提唱しています。意識的に行っているつもりの行動や発言も、無意識の影響を受けていると主張しました。いわゆる潜在意識というものです。例えば忘れ物をした場合、その行動の裏にはなにかしら無意識が働いているというふうに考えます。また、フロイトの心理学の特徴として、それらの潜在意識を最期にはセックスと結び付けるということがあります。

ユング（カール・グスタフ・ユング）は、今でいうスピリチュアルの先駆者です。

たくさんの考え方を示していますが、私が最も特徴的だと思うのはシンクロニシティという理論を提唱したことです。これは、偶然は単なる偶然ではない、というものです。なにかしらの宇宙の法則が働いているのではないか、目に見えない世界があってそれによって影響を受けているのではないかということを主張しました。また、過去のトラウマによって現在が影響を受けるという考え方に依っています。

アドラー（アルフレッド・アドラー）の提唱する心理学は、一言で表すなら自己啓発です。すべての悩みは対人関係の悩みであると断じ、過去のトラウマや宇宙のカルマなどはないと主張しました。過去にとらわれることなく、現在の行動によって未来を変えて行けるという考え方は多くの人を鼓舞しています。

それぞれについては、ぜひもっと詳しくご自身で勉強してみることをおすすめします。私もたくさんの関連書籍を読みました。その上で、今思うのは、どれか一つの心理学を盲信するのではなくて、バランス良く全部を取り入れることの大切さです。現在、世の中的にはアドラー心理学が主流のようです。多くの書籍が並び、セミナーも多数開かれています。私自身、アドラーの考え方を素晴らしいと思ってはいますが、ただ、こうも感じています。「１００％アドラーだと、ちょっとしんどいな」と。

伊勢神宮をはじめ、日本人は神社へのお参りが大好きです。これは、見えない世界を信じるというユング的な考え方によるものだと思います。意味のある偶然にシンクロニシティを感じとることは、日常の中で決してめずらしいことではなく誰もが経験のあることでしょう。そう考えると、やはりアドラーだけでは息がつまることも起こって来るのです。アドラーを信じて一生懸命に「７つの習慣」を実践している人たちが、うまく結果が出なかった時に「アドラーはダメだ」と言い出すことがなければいいな、と思います。私の感覚では、７割はアドラーでいいけれど、あとの３割は他の考え方も取り入れた方が、全体としてうまくいくと思います。

心理学について知ることは、ロープの橋から丸太の橋に進む段階で役に立ってくれます。相手の心理状況に関心を持たないと、相手のことをよりよく知ることはできません。

STEP4 「木の橋」を架ける

丸太の橋まで架かれば、たいていの仕事に必要とされるチーム力はでき上がっているはずですが、もっと高い目標に向かって進むには、まだちょっと足場が弱いかもしれません。その場合は、さらに壊れにくい橋を架けていきましょう。次のステップは「木」の橋を架けるという段階になります。

木の橋が架かっている状態とは、

- 休日などのプライベートの時間を一緒に過ごすことがある
- 互いの家族状況を知っている
- 互いの弱点についても理解がある
- 相手が喜ぶことをしてあげたくなる

というイメージです。何を大切に考えているかの優先順位なども、お互いにわかっている状態です。

　以前、ある若い会社員がこんなふうに言っていました。

「上司はプライベートも仕事のうちだ、付き合えって言うけど、僕にとっては人生の優先順位は１番に家庭、２番にテニス、仕事は３番目なんです。だから、日曜日に会社の人とお付き合いするのは絶対に嫌です」

　そのとき私は、こう答えました。

「その優先順位はわかっているよ。だけど、いちばん大事な家庭を守るために仕事をしているんだよね。だったら、時には会社の行事などを優先することも必要なんじゃないの？」と。

　ここで大事なのは、決して個人の価値観や優先順位を否定しないことです。優先順位を変えさせる必要はありません。変えないままで、必要に応じて説得することが大切です。大切な家族との時間を全部くれとは言わない。たった５％だけ、会社のために使えないか？　それが結局は家族を大切にすることにもつながっていくよ、と真摯に説明して理解してもらおうとする態度が必要なのです。

私は、スターバックスの店舗に行くといつも「木の橋」の存在を感じます。スターバックスのスタッフの仕事ぶりには「魂」とでも呼ぶべきものを感じるのです。魂なんて言葉を使うと「スピリチュアル」の話のように受け取られますが、魂というのは古来、日本人の心に根づいた言葉です。職人魂、プロ魂などと使いますよね。魂と心は、微妙にニュアンスが違います。その証拠に、浮気心とは言っても浮気魂とは言いません。心は魂に比べると、ちょっと弱い存在のようです。

以前、「サラリーマン魂」という言葉が流行したこともあります。本宮ひろ志さんの『サラリーマン金太郎』というマンガがそのきっかけでした。最近では銀行員としての魂のある生き方を描いた池井戸潤さんの小説シリーズを原作にした『半沢直樹』というテレビドラマもありました。どちらも大流行したのは、誰もが憧れてはいるけれど、なかなか自分はそうなれない姿を見事に描いていたからだったのではないでしょうか。

木の橋は、魂が込められた関係と言い換えてもいいかもしれません。逆に言うと、魂を込めていいのはこの段階からです。糸やロープ程度では、魂は重すぎて切れてしまいます。丸太でも、バランスを崩してしまうかもしれません。

STEP5　「石の橋」を架ける

最強の橋といえば、やはり「石」の橋でしょう。これは、作ろうと思って作れるものではありません。ふと気づくとでき上がっている、そういう存在の橋です。

- 「どんな苦労も共にできる」と互いに感じている
- 自分が困ったときは絶対に助けてくれると信じられる
- 相手が困っているときは絶対に助けたい

大物同士の「あうんの呼吸」とも言うべきコンビネーションを支えるのが石の橋です。例えば、元総理大臣であった田中角栄氏と秘書の早坂茂三氏はそのような関係であったと言われています。また、大学選手権で前人未到の7連覇を達成している、帝京大学ラグビー部や、箱根駅伝を連覇した青山学院大学陸上競技部など、最近大きな成果を挙げている運動部など体育会系の結びつきも、石の橋の関係と言っていいと思います。何年たっても、何十年たってもいつまでも大好きだと思える関係が続くのは、消えない石の橋が存在しているからこそでしょう。

ここまで強固な橋ができるのは素晴らしいことですが、出会ったすべての人と石の橋が作れるわけではありませんし、その必要もありません。相手や必要性に応じて、どの段階の橋が必要かを考えてそこに向けて努力をすればいいのです。そのためには、今はどの状態にいるのか、を見定めることが大切です。

仕事でチームを組む場合、ともに成功を目指すなら、せめてロープ、できれば丸太の橋の関係が必要です。

「この人とは、今は糸だな」と思うなら、関係性を改善していくことが必要です。コミュニケーションの量を増やし、質を高めることで可能になります。第二章でご紹介した「９つのラベル」がその役に立ってくれるでしょう。

橋は壊れたり、流されることもある

橋は、どんなに強固なものを作り上げたとしてもさまざまな原因によって壊れたり、流されたりすることがあります。その場合は、もう一度最初の「糸」から始めるしかありません。

橋が壊れる原因はたくさんありますが、例を挙げるなら、

- 嘘がばれたとき
- 信頼関係が壊れたとき
- 頭ごなしに怒鳴られたり否定されたりしたとき
- 失敗の責任を押しつけられたとき

などが、代表的なものでしょう。

壊れてしまった橋を、もう二度と作り直すことはできない、またそうしたくないと思うなら、辞表を書いて会社やチームから去るしかありませんが、もしもやり直したいと願うなら、謝罪と反省、そして改善を真摯に行っていくことが大切です。そのとき、もう無理かもしれないと思いながらやるのは、最悪です。絶対にあきらめない強い意志を持つことが必要です。

橋は何度でも作り直すことができます。その一方で、でき上がったからといって崩れないという保証もありません。常に進行形で「今はどんな橋か」と考えるようにしましょう。今の状態に感謝して、これがずっと続くわけではないことをきちんと理解しておきます。その上で、より強固な橋の状態を目指します。

糸がつながったことに、まずは感謝を。

ロープになったら、糸よりは安心だけれどまだまだサバイバル状態だな、と。人によっては、渡りきれずに落ちてしまうでしょう。

丸太になったらかなり安定はしますが、それでもバランスを崩すと落ちてしまいます。せめて手すりくらいは欲しいなぁ、と木の橋を目指したくなるでしょう。

石の橋は、もしもそこまでできたらそれは奇跡、だと思いましょう。どうぞくれぐれも大切にしてください。


壁がなくなって、橋ができ上がっていく様子を、自分の中で鮮明にイメージできるように何度も頭の中で繰り返してください。

相手の壁を感じたら、自分のイメージの中でさっさと取り払ってしまいます。くじけそうになったときも、このイメージトレーニングを続けてください。そうしているうちに、あなた自身の内的エネルギーが前向きに変わっていきます。

イメージは、自分の力だけで作ることができます。相手は関係ありません。プラスのイメージを持つことが、実際の人生をプラス方向に動かしてくれるのです。

第4章

部下の力を引き出す最強チームの作り方

大切なのは、世界全体をまるごと受け入れること

世界には70億を超える人がいますが、その全員と知り合えるわけではありません。それどころか、会社の中に限っても、親しく話したりする人の数はそんなに多くないでしょうし、大きな会社の場合は、部門や課が違えば、社内でもずっと互いに知らないまま、ということも結構あるでしょう。

そう考えると、出会った人と自分とは、やはり何らかの縁があったと考えざるを得ません。今、自分の周りにいる人たち全員がいるからこそ、自分がここにいるわけです。**その世界を構成している人たちの一人ひとりを好きだとか嫌いだとか区別するのではなく、世界全体をまるごと受け入れることが大切です。**

もちろん、人と人の間には相性があって、こればかりはなかなか頭で思うようには乗り越えられないものです。ただ、乗り越えられないまでも、相性があることを知った上で、それでも相手のいいところを見つけようとすることは、自分自身の器の大きさ次第でできることです。

いいところを見つけるとは、相手が存在する価値を認めることです。個々のメンバーを１００％完璧に好きになれることはなくても、全体としてＯＫであればいいわけです。すべての人を自分の「好き」に当てはめる必要はありません。

そもそも、メンバー全員が個人的に１００％の優秀な素晴らしい人たちだったら、リーダーなどいらない、なんてことにもなりかねません。

また、あなたがどれほど素晴らしいリーダーであったとしても、メンバー全員がある日一斉に仕事をボイコットしたら大変なことになってしまうでしょう。ついつい細部に対する不満を持ってしまいがちですが、チームを束ねる立場の人にとって重要なのは、全体を全体としてとらえる力です。

私が師匠である本田健氏から学んだことの一つに、人間関係を表す４つのマトリックスがあります。**縦軸にはポジティブかネガティブか、横軸には自立か依存かという尺度をとって、ポジティブ自立、ポジティブ依存、ネガティブ自立、ネガティブ依存、の４つのタイプに分けてとらえます。**

ポジティブ自立は、常にエネルギッシュで前向きな志向を持ちます。よく口にするのは「大丈夫！」「俺に任せておけ！」「なんとかなるさ」「やりたいこと、やろうぜ」。組織のリーダーや社長は、このタイプがほとんどです。特に、ベンチャー企業などは100％、このタイプの人が組織を引っ張っています。

ポジティブ依存は、能力は高くないけれど自分でもそれを知っていて、明るさで場を和ませるのが得意なタイプ。口癖は「頼むよ！」「任せたよ！」。ミスも多いので能力がないと扱われることも多いのですが、本人はそれを気にせず、「お前らに食わせてもらってるんだ、ありがたいな」と喜んでいるような人です。

さすがに、昨今の厳しいビジネス状況の中ではこのタイプのリーダーはあまり見なくなりましたが、バブル期には結構見受けられたものです。こういうリーダーの下では部下がしっかり仕事をするので、意外にチームの成績が上がることもあります。

ネガティブ自立は、いわゆる完璧主義者です。仕事を任せたら完璧に仕上げてくれます。ただしチェックが細かく、他人、特にできない人に対してはとことん厳しく当

[人間関係を表す４つのマトリックス]

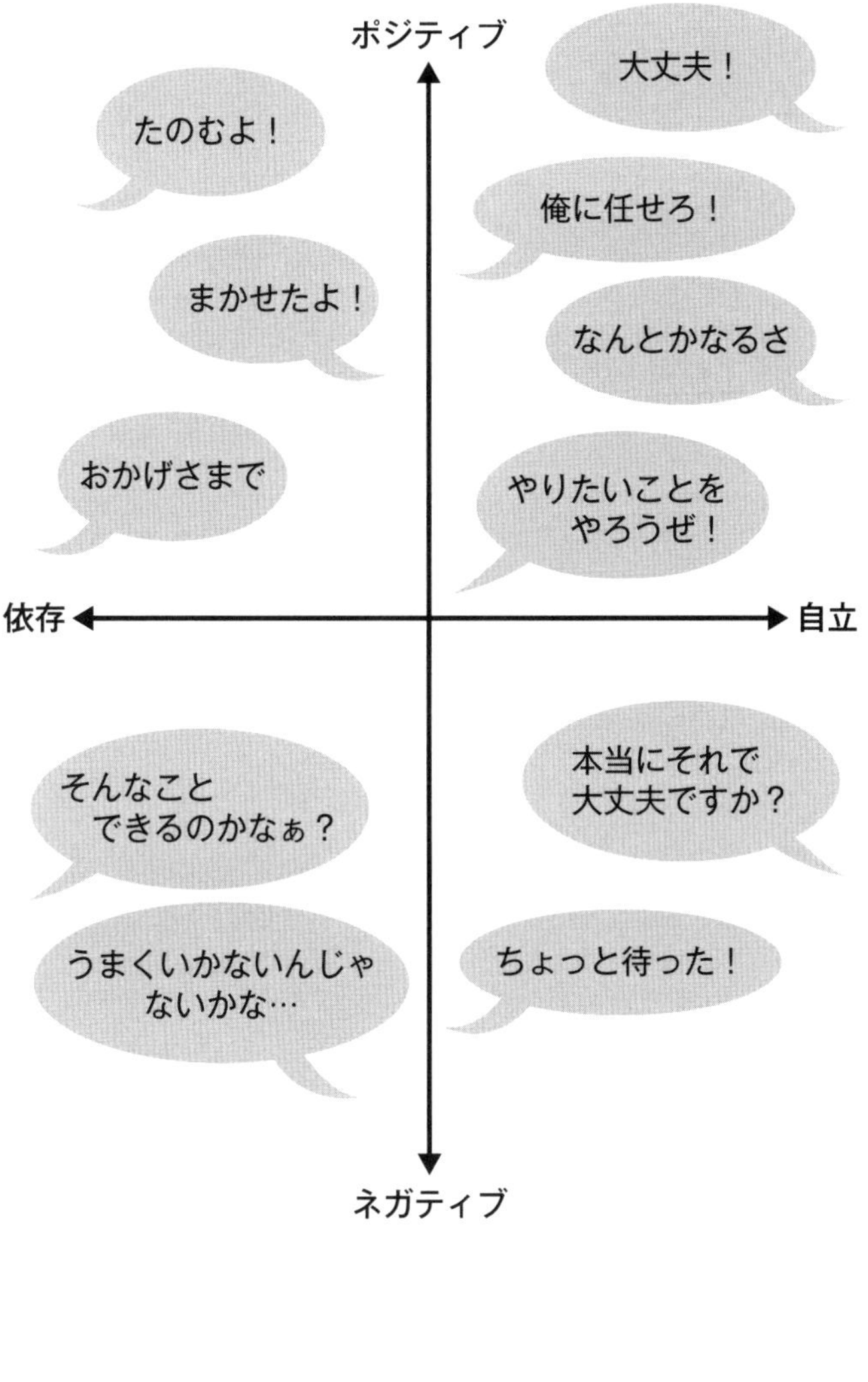

たります。付き合いにくそうなタイプではありますが、このタイプの人は大きな組織には絶対に必要です。突っ走るポジティブ自立タイプに対して「ちょっと待った！」が言える人になるからです。

ネガティブ依存は悲観的で、自分に自信が持てない人です。何でも悪いほうに考えるので、かえって他の人が気づかないような問題点を発見することが得意だったりします。「あなたはあなたのままでいい」というような言葉が大好きです。

昭和の高度経済成長期の時代から平成の初めごろまでは、ほとんどのリーダーがポジティブ自立タイプでした。ところが、今やビジネスの形態も多様性の時代となり、さまざまなタイプのリーダーが存在します。

ただ、どんなリーダーも陥りがちなのが「自分と同じタイプの人ばかりを集めたがる」ということです。これはチームづくりにおいては大きな間違いです。

あなた自身がどのタイプに属しているかは、チームづくりには実はあまり関係ありません。**どのタイプであっても、あることを意識して心がければ素晴らしいリーダー**

[センタリングを意識する]

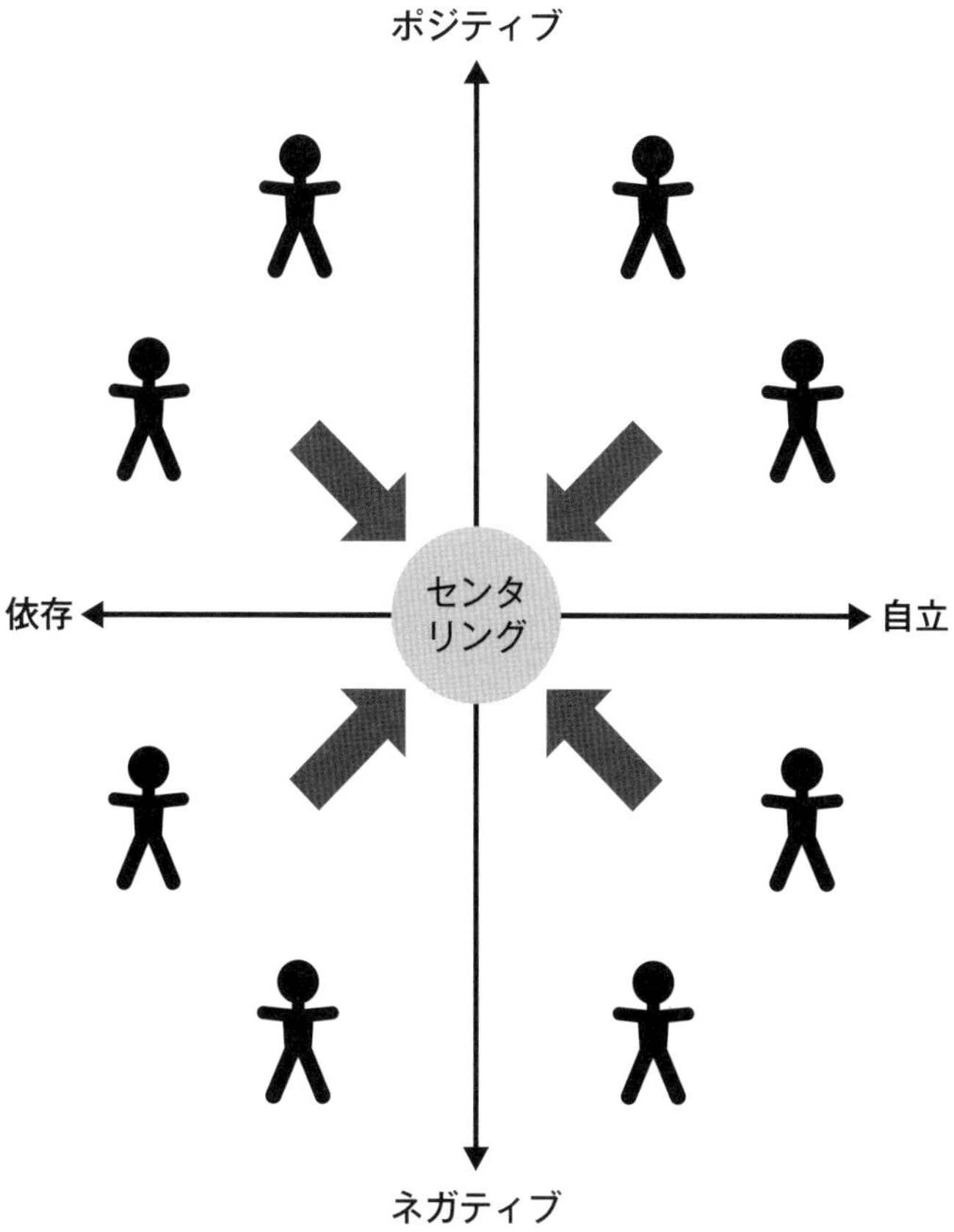

チームにはいろいろな人がいて当然です。
ただしリーダーは、センタリングを意識することが大切です。

になることができます。それは、「センタリング」です。

まず、自分の位置を確認し、その上でチームのメンバーがそれぞれどういうタイプかを検証します。そして、自分とは違うタイプのメンバーを自分のカテゴリーの中に引き寄せるのではなく、自分自身のポジションを全員の真ん中へ移動させていくことが必要なのです。

チームでは、全体のバランスが大事です。どちらかに偏りすぎるとうまく機能しません。**チームのメンバーのばらつきをまるごと受け入れて、全体としてのパワーに換えていくことがリーダーの仕事です。そのためには、自分自身が常に全体のセンターにいる、センタリングしていくことを心がけなくてはいけません。**

この世にある仕事のほとんどはチームで動いています。私は個人で仕事をしています、という人も、その時々の仕事に関わる人によって臨時のチームが自然にできていることも多いのではないでしょうか。

これが企業の場合は、ほぼすべての仕事でチームが存在します。チームの力を高めることが結果の良し悪しにストレートにつながってしまうので、チーム内でたとえミスがあったとしても、それを責めずに支援し合うことが大切です。互いの「よいところ」「できていること」を認め合えると強固な人間関係が構築されて、チームの目標にメンバー全員が力を合わせて向かっていくことができるのです。チームの力は、足し算ではなく、掛け算ででき上がります。それこそがチームを組む意義でもあります。

どんな仕事にも「ミッション」がある

どんなチームにも必要なもの、それは「ミッション」です。ミッションとは役割、任務、使命を表す言葉です。

チームを作ったときは、このミッションを全員が共有し、チームのミッションとは何か、を明確にすることが重要です。数字の目標＝ミッションではありません。何のためにその数字を達成するのか、それによってどういう世界が実現されるのか。リーダーはそこまでのイメージをチームに描いて見せる力がなければなりません。ミッションに向かって生きるとき、人は最大のパワーを出すことができます。そしてその姿勢は、多くの人に感動を与えることもできるのです。

個人にもそれぞれミッションがあります。どんな仕事をしていても、ミッションを持たずにやるのと、持ってやるのとでは大きな違いが表れます。

以前、区役所で離婚届を受理する窓口担当の公務員から相談を受けました。

「仕事にやりがいを感じられないんです。結婚届と違って、おめでとうございます、と声をかけることもできないし、それどころかうつむいて受け取ることしかできません」

という話でしたが、私は彼に「いえいえ、あなたにも立派なミッションが与えられているのですよ」と答えました。

現代は、3組に1組が離婚するという世の中です。離婚届を提出しに来る人も、かなりの数に上ります。確かに離婚は結婚生活の終わりかもしれませんが、またそこからの新しい日々へのスタートでもあります。離婚届を受け取ってくれる場所があり、けじめをつけられるからこそ、新しい生活へ心新たに進んでいくことができる、という人は多いでしょう。声に出して「おめでとうございます」とは言いにくいかもしれませんが、幸せな再出発を祈りながら書類を受け取ってあげることができれば、それは「住民の幸せに貢献すること」というミッションを果たしていることになるはずです。目前の仕事や作業だけを見つめるのではなく、その先の未来を見据えることが大切です。


こんな話を聞いたことはありませんか？

重そうな石を運んでいる作業員に、こう尋ねました。

「何のためにその石を運んでいるのですか？」

そのとき、Ａはつらそうにこう答えました。「見ての通り、言われた通りに石を運んでいるのです。いつまでたっても終わりません」

Ｂはこう答えました。「城を造るために石を運んでいます。まだまだかかりそうですが完成が楽しみです」

そして、Ｃはうれしそうにこう答えました。「この石を運ぶことで、この先１００年続くプロジェクトに参加しています」

この中で、いちばん疲れを感じないのはＣさんです。自分が行っている作業に単なる目標ではない、ミッションを感じることができているからです。表面的には同じ「石を運ぶ」という作業でも、ミッションがあるかないかで大きな差が出るのです。

では、どうすればこのミッションをメンバー全員が持ってくれるようになるのでしょうか。これはリーダーが押しつけるより、全員で一緒に考えたほうがいいと思います。例えばこんな質問を投げかけて、話し合ってみてください。

「何のために仕事をしているの？」

このときに「生活のため」という答えだけしか出てこないようだと、なかなかチームのパワーは高まりません。生活のため、は当然必要だとしても、その先にあるミッションをみんなで見つけて共有することが大切です。

例えば消防士は、生活費を稼ぐためだけに仕事をしているのではないと思います。困っている人を助けたい、人命救助の役に立ちたいというミッションがあるからこそ厳しい訓練にも耐えていけるのではないでしょうか。海上保安官が主人公の『海猿』というマンガを原作にしたテレビドラマ、映画が以前作られて大ヒットしました。その後、海上保安庁への就職希望者が増えた、という話も聞きました。これは、多くの人がこの仕事に感動し、共感したことの結果ではないでしょうか。その感動を連れてくるのが、まさにミッションです。

仕事というものは、基本的には生活のためにしていますが、決してそれだけではないはずです。誰かのためであったり、世界をよりよくしたいという思いであったりがどんな仕事においても背後にきっとあるはずです。あってほしいと思います。

自分たちのミッションとは何かについての話し合いは、一度では結論が出ないことも多いと思います。だからといって上から押しつけてはいけません。メンバーそれぞれが考え、発表し合っていくうちにじわじわと浸透していくのを待ちましょう。

ミッションを持つとは、ある意味、自分が主人公になるということでもあります。チーム全体の中で果たすべき役割をしっかり把握して、小さな役であっても欠かせない必要な役割であると理解できれば、そこにもスポットライトを感じることができるでしょう。

最近、ミッションを忘れている人が増えているような気がしています。生活のためだけではなく、ミッションのために、という気持ちを持って仕事に臨むことができれば、相乗効果となってより力が発揮できることでしょう。

ミッションは、愛でもあります。愛の素晴らしいところは、周りの人へもその思いがどんどん広がっていくところです。

現在もJリーグで現役で活躍している、サッカー元日本代表の三浦知良選手は、何のためにサッカーをしているのでしょうか。プロの選手ですから、もちろんお金を稼ぐための仕事であるわけですが、三浦選手がサッカーを愛していることは誰もが認めていることです。彼にとって、サッカーは仕事であると同時に愛の対象でもあります。だからこそ、いつもとても輝いていて幸せそうですし、その姿を見た多くの人に勇気と感動と幸せを与えているのです。

愛はエネルギーを生み出します。愛がなく、理性と理屈だけでは、チームはうまく機能しません。ミッションに対して愛を注ぎ、感謝を注ぐことができれば、パワーがどんどんあふれて、チームのエネルギーは活性化します。

個人のミッション、チームのミッション

個人のミッションとチームのミッションを、どのように適合させていくかということはとても大切なテーマです。会社のミッションというものがまた別に存在する可能性もあります。

小学校の算数の「集合」で習った、ベン図を思い描いてください。個人の○、チームの○、会社の○（ほかにもある場合はその○も）は、どんなバランスで並んでいるでしょうか。全部の丸がバラバラに存在しているのは、非常につらくて生きにくい状況だと思います。かといってすべてが一致していることはあり得ないでしょう。重なっている部分があって、重ならずに独立している部分があって、それぞれのバランスがとれている状態がベストです。

重なっている部分の大きさが、チームの力を大きくするパワーになります。糸から始まり、ロープ、丸太、木、石と、お互いの間の橋が強固になるにつれて重なる部分も増えていきます。逆にいつまでたってもチームと個人の○が少しも重ならないようであれば、その仕事は辞めたほうがいいかもしれません。

チームリーダーは自ら率先してミッションをチームに伝えることが求められますが、どのように伝えていけばいいのでしょうか。そのときのコツは、大きな枠で考えることです。チームや会社にとどまらず、日本、世界、宇宙的視野で考えてみるといいでしょう。

例えば、携帯電話販売ショップの店員さんはどのようなミッションを持てばいいのでしょうか。契約台数の目標をクリアするということだけでは、個人または店舗規模の目標でしかありません。それももちろん大切なことですが、それだけではやはり従業員のモチベーションは保てないものなのです。私なら、こんなふうにミッションを語りたいと思います。

「携帯電話が普及することによって、誰もが電話を持って歩けるようになる。そのお

[個人のミッション、チームのミッション]

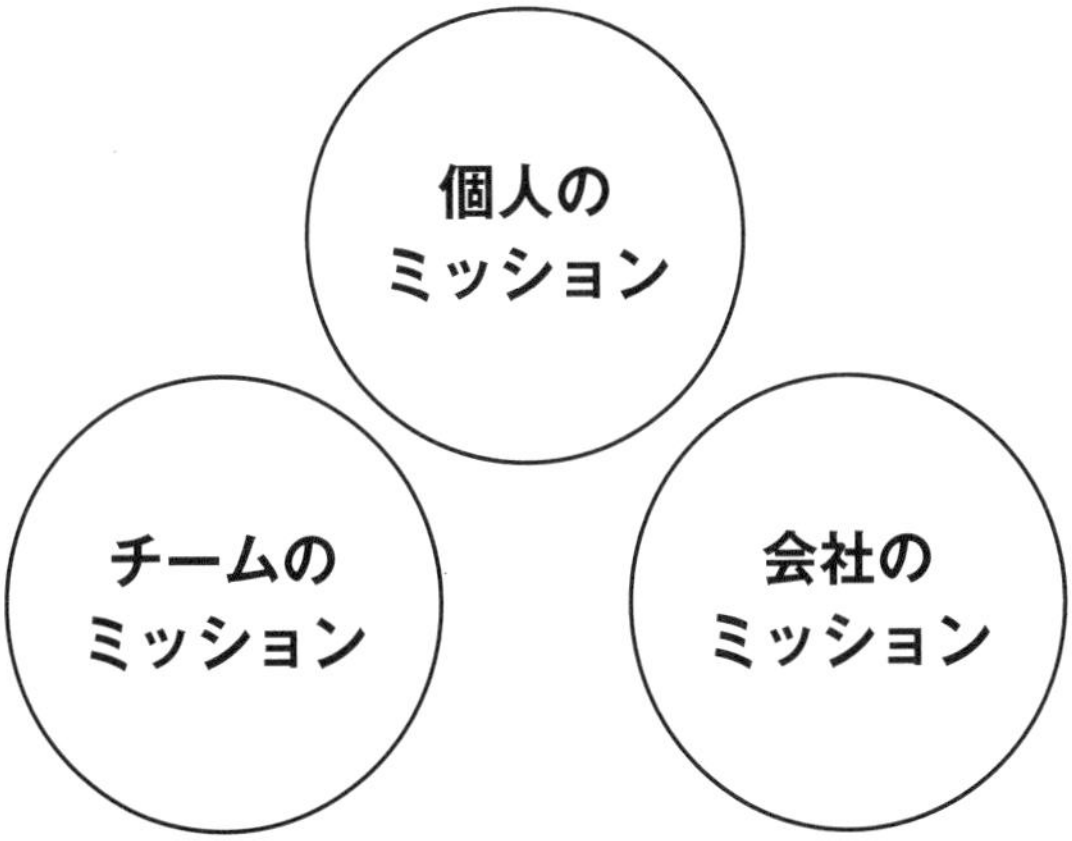

全部がバラバラだと非常につらくて生きにくい

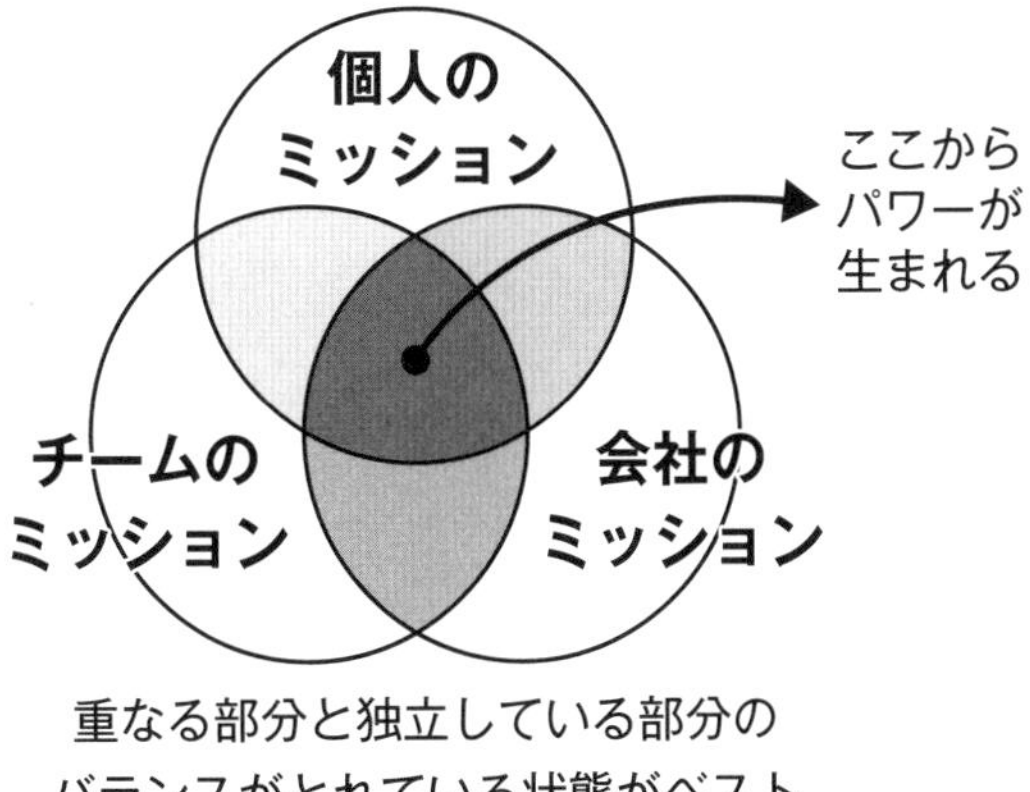

重なる部分と独立している部分の
バランスがとれている状態がベスト

かげで離れて暮らしていても家族は安心できるし、寂しさも感じずにいられる。いつでも聞きたいときに声が聞ける、そんな世の中を実現するために販売しているんだ」

自分が現在行っている仕事によって、世の中がどうなるか？　という視点が重要です。スターバックスでは数年前まで「私たちの存在理由は取引業者の繁栄にある」という理念が掲げられていました。目の前のお客さまだけを幸せにしていればいいのではなく、生産業者などすべての取引業者を幸せにすることが、結局はお客さまの幸せにつながり、従業員の幸せにもつながる、ということが経営者であるハワード・シュルツにははっきりと見えていたのでしょう。

世界的に成功している企業はどこも、このような宇宙的視野を持ったミッションを全従業員がしっかりと共有していることが多いようです。小さな店舗から大革命を起こして40兆円企業に育て上げたアメリカの流通チェーン、ウォルマートの掲げた理念は「お客さまは常に正しい」というものでした。

何度も着て薄汚れてしまっている服を返品したいと言ってきた客に対してもこの理

念を適用し、返品に応じたというエピソードが残っています。

そんなことをしていて、みんなが同じことを言ってきたら対応しきれないでしょう？　と言う人に社長は、

「このようなルール違反を申し立ててくるのは、３０００人くらいのお客でせいぜい2、３人の割合だ。残りの人は、その噂を聞いて安心して商品に対する信頼を高めてくれるんだ」と答えたそうです。お客さまを幸せにするという大きなミッションがあるから、目先の損得にとらわれずにすむのです。


ミッションがあれば、そこに迷いはありません。ミッションに従って判断していけばいいのです。

多くの人は自分が幸せになりたい、自分が豊かになりたいと思って仕事をしているものですが、そんな小さな世界を超えて大きな視野でミッションを持てる人たちは、ミッションカンパニーを作り上げることができます。松下幸之助氏などは日本におけるその代表といえるでしょう。日本には近江商人の使っていたという「三方よし」という言葉があって、売り手よし、買い手よし、世間よしがよい商売であると昔から考

えられてきましたが、これからはさらに加えて「地球よし」「宇宙よし」の視点を持つことが求められていくでしょう。

部下をやる気にさせる、「承認と改善」のサンドイッチ

学生時代のアルバイトでこんな思い出があります。都内のコンビニで店員のアルバイトをしていたのですが、年末年始はバイトの学生もみんな帰省してしまうので、店長はほぼ休みなしでずっとお店に立たざるを得ないようでした。ある年の年末年始、私は帰省せずに東京に残っていたのでほとんど店長と二人きりで店番を務めました。それがきっかけで店長と仲良くなり、その後もずっと可愛がっていただきました。

人は、困っているときに助けてもらったり苦手なことをサポートしてもらったりすると気持ちがその相手に寄り添っていくようです。これは、どのような人間関係においても通じることなので、上司から部下、部下から上司、仲間同士でうまく応用して人間関係を深めるきっかけにしてほしいと思います。

もう一つ、人をやる気にさせる魔法の言葉が「ほめ言葉」＝承認です。誰しも自尊心をくすぐられるとやる気に火がつくものなのです。前述した地方都市のドラッグストアの例でもあったように、ほめられるといっそう頑張る、というのは誰もが持っている心理なのでしょう。

仕事の現場では、なかなかこの承認が表に出ないことが多いのです。みんなが忙しく働いているので、できたことはできて当然、とばかりに見過ごされ、できなかったことばかりがクローズアップされて、叱責されたり改善を求められたりしてしまいます。それでは、部下の心は萎縮してしまいます。萎縮したままでは成長は期待できませんし、本来の力さえ発揮できないことになってしまうかもしれません。

承認と改善（叱責ではなく、改善の指示）はサンドイッチにして渡す、というイメージを持っておいてください。パンが承認、中身の具が改善です。

承認は、小さなことも忘れずに伝え続けましょう。承認、改善、また承認という繰り返しを続けてください。同じ話を繰り返しても構いません。承認し続けること、励ます。続けることこそが人を成長させます。

自分と相手では、価値観もキャリアも視野も違います。その中で、相手が達成したこと、できたことにどこまで気づいてあげられるか、そしてその成果を認めてあげられるかが、上司に求められる器の大きさです。承認は魔法の力を持っています。どんどん使っていきましょう。

仕事とは「感謝」である

仕事をすることの究極の目的は「感謝されること」ではないかと思います。

こんな話を聞いたことがあります。あるビルの駐車場の管理人の話です。その管理人は普段から対応がよくて、駐車場所への誘導も素晴らしく、非常に頼りになる管理人として利用者の人気を得ていました。利用した人は誰もがその管理人のファンになるというのです。そしてその管理人の退職の日には、利用客が大勢集まってそれまでの感謝を述べ、お祝いをしたのだということです。私は残念ながら実際にその管理人の駐車場での働きぶりを見たことはないのですが、さぞや素晴らしい仕事をされていたのでしょう。そしてそれが利用者にちゃんと伝わっていたのですね。

理想の仕事ぶりとは、それを見た子どもや若い人たちに「その仕事を自分もやってみたい」と思わせることが一つのゴールです。生花店の店員、幼稚園や学校の先生、列車の運転手や車掌、お母さんのような主婦……、どれも身近な人から憧れられるような立派なものです。

子どもにいちばん尊敬される仕事は、自宅のそばで開業している小児科医らしいですね。患者の親からいつでも感謝されているのを子どもも耳にしますから、「うちのお父さん（お母さん）ってすごいな！」と素直に思ってくれるのでしょう。

一方、なかなか「すごいところ」が見えにくい職業もあります。例えば、公共施設などの清掃員。子どもが憧れるような「すごさ」は直接には感じにくいかもしれません。ですが、清掃員の皆さんが、掃除をすることでどんなふうに世の中に貢献しているのか、反対にいなかったらどうなっているのか、を考えればその仕事の魅力や素敵なところは発見できるはずです。そのような気持ちが仕事に対する帰属意識を高めてくれます。

楽しそうにやっているかどうかも大切なポイントです。給料をもらえるからやっているけれど、こんな仕事嫌だな、と思っていては誰かに感動を与えたり感謝されたりすることがないまま、一生つまらないままで終わってしまいます。

チームの中で、「私たちの仕事、素敵だよね」という話をどんどんしていきましょう。この仕事をやる意義、目的を語り合って、みんなで仕事を大好きになってください。その積み重ねが帰属意識を作っていきます。

仕事を通じて感謝され、その仕事に自分が就けていることを感謝する。その感謝の連鎖が最高のチームを作っていく大きなパワーとなります。

これまで、たくさんの事例を耳にしました。ある美容院では、受付の女性の対応が丁寧で楽しくて気が利いているというので人気が高まり、その受付の人に会いたいために美容院を予約するお客さまが大変多いのだそうです。

また、高級車レクサスのとある販売店のドアマンは、雨の日も風の日も毎日、外の道路に立ち、レクサスが通るたびに挨拶をするということを長年ずっと続けていて、多くのファンがついているといいます。ほかの店ではなくわざわざその店に買いに来るという人がたくさんいるのです。

そんな事例を、チームのメンバーで出し合い話し合ってみるのもいいでしょう。その人のどんなところが素敵なのか？　自分たちの仕事に当てはめたら、どんなことができるかな、と知恵を出し合っていきましょう。いろいろな仕事の素晴らしさを知ることで、自分たちの仕事の素晴らしさにも気づくことができます。比較するのではなく、すべての仕事を認めることが大切です。

共に生きていくためには、多様な価値観を認め、それぞれがそれぞれの役割を持っていることを受け止めた上で、互いに相手を尊重することが必要です。与えられた役割の中にどれくらいやりがいを見つけられるかがとても重要なのですが、それはチーム全員で一緒に見つけることが大事なのです。上からの一方的な押しつけではうまくいきません。これこそが自分たちの仕事だ！　とメンバー全員が思うことができて、この仕事をさせてもらっていることに感謝できるようになったとき、チームの力は格段に上がっているはずです。

すべての人が「役割」を担っている

歌舞伎のような日本の伝統芸能の世界には、世襲制度が今も色濃く残っていて、生まれた瞬間から「役割」が与えられることがあります。それほど明確でなくても、両親がスポーツ選手の家庭に生まれた子どもは運動神経もよくて自らもスポーツ選手を目指すことが多いようですし、音楽家の家庭、医者の家庭などでもそのような例はよく見られます。生まれた場所や環境などによってもまた役割が変わります。

大事なのは、「これは自分の役割なのだから他人と比較はしない」ということです。

桜の木に生まれたのかチューリップに生まれたのかの違いであって、そこにいわゆる「差」はありません。役割はすべてオンリーワンです。

与えられた役割を感謝して受け入れていくセンスが求められています。自分の得た役割でどれだけ輝くことができるかを考えましょう。役割は、自分が選んだものではなく選ばれたものなのです。自分では会社を選んで入っているつもりかもしれませんが、会社から選ばれたからこそ入れた、というようにも考えられるはずです。ましてやどの部署に配属されて、どんなチームに所属するのかを決めたのは自分ではありません。くり返しますが、役割は常に与えられるものなのです。

たまたま自分に与えられた役割を人と比べて卑下したり、人より偉いと威張ったりしてはいけません。自分だけではなくいろいろな要因がからまって役割が与えられたのですから、自分のほうが上だ、下だと考えていては他者との間に糸の橋を架けることさえできないでしょう。すべての役割に対してリスペクトすることが大切です。

江戸時代の日本には、身分制度がありました。当時はそれでよかったのですが、その後制度が壊れるときが来たのは時代の要請だったのでしょう。そして現代は、個性の時代です。誰もが自分自身の役割を知って、他者にも他者の役割があること、自分の物差しで他者を判断はできないことに気づかなければなりません。誰とも比較しないで自分の役割をしっかり務めて周りと調和していきましょう。

何度も繰り返しますが、役割は平等に与えられたものです。そのことを認められればリラックスできて他者を承認することができます。

とはいえ人は、どうしても自分の価値基準で判断してしまうものですし、他者の役割に嫉妬してしまうこともあるでしょう。大丈夫、嫉妬した自分もＯＫと認めましょう。嫉妬した自分を認めた上で、自分の役割に磨きをかけていけばいいのです。

また、役割は一生変わらないものではありません。自分の器が変化していくことで役割も大きく変化します。

「寄り添う」ことで世界が変わる

人間関係をよくするには「寄り添う」ことが必要ですよ、と話すと、時々勘違いをして余計に嫌がられてしまう人がいます。

寄り添うというのは距離を縮めることなので、上司があまり激しくこれを行うと、パワハラになりかねません。相手が異性ならセクハラだと受け取られる恐れもありません。ただ、それでもやはり、寄り添うことで関係がよくなるのは間違いありません。

知人の男性からある相談を受けました。彼は一流企業の常務を務めている自他ともに認めるエリートサラリーマン。仕事上の悩みはほとんどないというのですが、高校生の息子さんが引きこもりで、ここ2年間くらいまったく話せない状態が続いています。誰かからアドバイスをもらって、犬を飼ってみたそうですが、その作戦もうまくいかなかったと落ち込んで私に相談がありました。

家の中で2年間も口を利かない状態が続いているのなら、場所を変えてみたほうがいいなと思って、近くの喫茶店で1時間でいいから一緒にお茶を飲まないか、と誘ってみるようにすすめたところ、それも無視されてしまいました。

次は、じゃあ30分でいいからと言ってみてください、というのが私からのアドバイス。早速誘ってみたところ、しばらく黙ったあとに「今度ね」と返事があったそうです。まだまだ先は長そうですが、こんなふうに相手の様子を見ながら、少しずつ壁に窓を開いていくことが、寄り添うということです。いきなりドーンと穴を開けようとしたら、余計に頑丈な壁を築かれてしまいます。

飲み会に誘うにしても、相手の価値観や優先順位に寄り添うことが大切です。毎日、帰り際になってから「今日、どう？」と誘う上司がいます。部下はそのたびに「今日はちょっと……」と断るので、上司の機嫌は日に日に悪くなっていきます。ですが、部下の立場に寄り添って考えてみてください。独身者ならデートの約束があったり、観たい映画やコンサートがあったりするのかもしれませんし、疲れ果てていて一刻も早く家に帰ってのんびりしたいと思っているのかもしれません。結婚している場合は、奥さんが夕食を用意して帰宅を待っているのかもしれませんし、一緒に見たいテレビドラマがあるのかもしれません。「毎回、俺の誘いを断りやがって！」と怒る前に、相手の事情を慮ることを忘れないようにしましょう。

一方、部下のほうにも寄り添う気持ちが必要です。断るときにはきちんと理由を話すこと、そして「いつなら大丈夫です」と代替案をこちらから提示するという姿勢もあったほうがいいでしょう。

価値観は3人いれば3人とも、10人いれば10人とも違うものです。同じ会社の人間同士でも、転職などが多い今、いろいろな価値観の人が混じり合っているでしょう。

このようなときには自分と違う価値観を承認し、寄り添っていくことでしか、お互いの間に橋を架けることはできません。

第5章

結果を出すリーダーがやっているたった1つのこと

~クロスコミュニケーションのすすめ

ナポレオンに学ぶ、部下の心をつかむ方法

部下の心をがっちりとつかみ、組織への強い帰属意識を持たせることに成功したリーダーとして名を残した人の中で最強の人物は、ナポレオンではないかと思います。ナポレオンは35歳のときに、何万人もの兵を率いてフランス皇帝の地位にまで上りつめた人物ですが、士官学校時代から常にトップの成績だったわけではなかったようです。また、生まれはコルシカ島で、士官学校の友人たちに比べると貧しいほうだったので、若いころは、コンプレックスに悩まされたこともあったであろうと推察できます。

そんなナポレオンが、いかにして立派なリーダーになっていったのかを考えてみることは、最強チームを作りたいと望んでいる私たちに大きなヒントを与えてくれそうです。

士官学校で寄宿舎生活を始めたころ、コルシカ出身のナポレオンには友達がほとんどいなかったといいます。疎外感を感じて非常に寂しい思いをしたナポレオンは、そ

の後、部隊のリーダーという立場になったとき、部下の兵隊たちに自分から声をかけて故郷の話や家族の話などを聞き出したそうです。

帰属意識は往々にして疎外感から生まれます。疎外されていると感じたことのある人は、どこかに帰属したいという思いをより強く持つようになるからです。

上官からプライベートな話を聞いたり、話を聞いてもらったりした部下たちは、ナポレオンにどんどん心酔していきます。ことあれば、この人のために戦おう！という決意を次から次へと部下の心に芽生えさせていったのです。

これはナポレオンが計算してやったというよりは、自分の経験から自然に出てきた行為であるように思います。疎外感を感じている部下を、放っておけなかったのではないでしょうか。

ナポレオンのリーダーシップの根底にあったのは**「相手の居場所を作ってあげる」**ことだったと私は解釈しています。**居場所がある、と感じられることで人の心が安定し、だからこそ実力を存分に発揮できる**ということを、ナポレオンは自分自身の経験から知っていたに違いありません。

皆さんは「居場所がなかった」経験をお持ちでしょうか。私にはたくさんあります。軽い例で言うなら、つい先日もこんなことがありました。

経営者仲間との飲み会で、ゴルフの話題で大いに盛り上がるという場面があったのです。みんなうれしそうにその話題に参加していますが、私はゴルフをやらないのでまったく話に入ることができません。「ああ、今、居場所がないな」と感じました。

まあその程度のことなら、話題が移ればまたすぐに居場所が現れるのですが、そうではない、もっと深刻なケースもあります。

居場所がなくてつらい経験をしたことのある人は、他の人の居場所についてもこまやかな配慮ができるようになります。居場所がなくては、どんなに優秀な人も力を発揮できるはずがありません。居場所のない経験をしたことのない人は、他者に対しても「自分の居場所くらい、自分で作れよ」などとつい言ってしまいがちなのですが、リーダーは、チーム内にメンバー一人ひとりの居場所を作ってあげる必要があります。別の言葉で言うなら、居場所とは、プライドのことです。

チーム内で「居場所がなかった過去の思い出」についてのディスカッションをするのも、チームを強くするためには非常に有効です。居場所がないことのつらさをみんなで共有することで、現在の問題点が見えてくることがあります。

ひょいっと誰かの口から「今も居場所がなくてつらいですよ」なんて出てくることもあるかもしれません。そんなときは、リーダーが胸を叩いて「俺が作ってやるよ」と言ってあげることが大切です。

自分ＯＫ、他者ＯＫの精神

あるチームや組織に所属したとき、誰もが知っておかなければならないのは「価値観は人それぞれに違う」ということです。

企業の場合は、企業の持つ価値観に共感して入社してくる人が多いので、共通する部分ももちろん大きいのですが、それでも完全に一致することはあり得ません。年齢差、男女の違い、出身地の違い、結婚しているかしていないか、子どもがいるかどうかなどによっても価値観は違ってくるものです。

「年上の意見を聞けよ」という価値観と「年齢なんて関係ない、人間はみんな平等でしょう」と思う価値観、どちらかが正しくてもう一方が間違っている、というものではありません。ただ、違うというだけのことです。ですが、このままだとぶつかるのは必至です。自分に対して自信があり「自分ＯＫ」と思っている人は、「他者ＮＯ」としてしまう傾向があります。自分の尺度だけで比較して、優劣をつけようとするのです。

大事なのは、自分と違う価値観を承認できるかどうかということです。

価値観を認め合うためには、互いの意見を自由に言い合えるクロスコミュニケーションが大切です。一方的にどちらかがしゃべって周りは黙って下を向いているような状況では、「はい」という答えを引き出したとしても、心からの「はい」ではありません。これまでにお話をしてきた**「壁」を崩して「橋」をつくることが、まさにクロスコミュニケーションをすることなのです。**

[クロスコミュニケーションのイメージ]

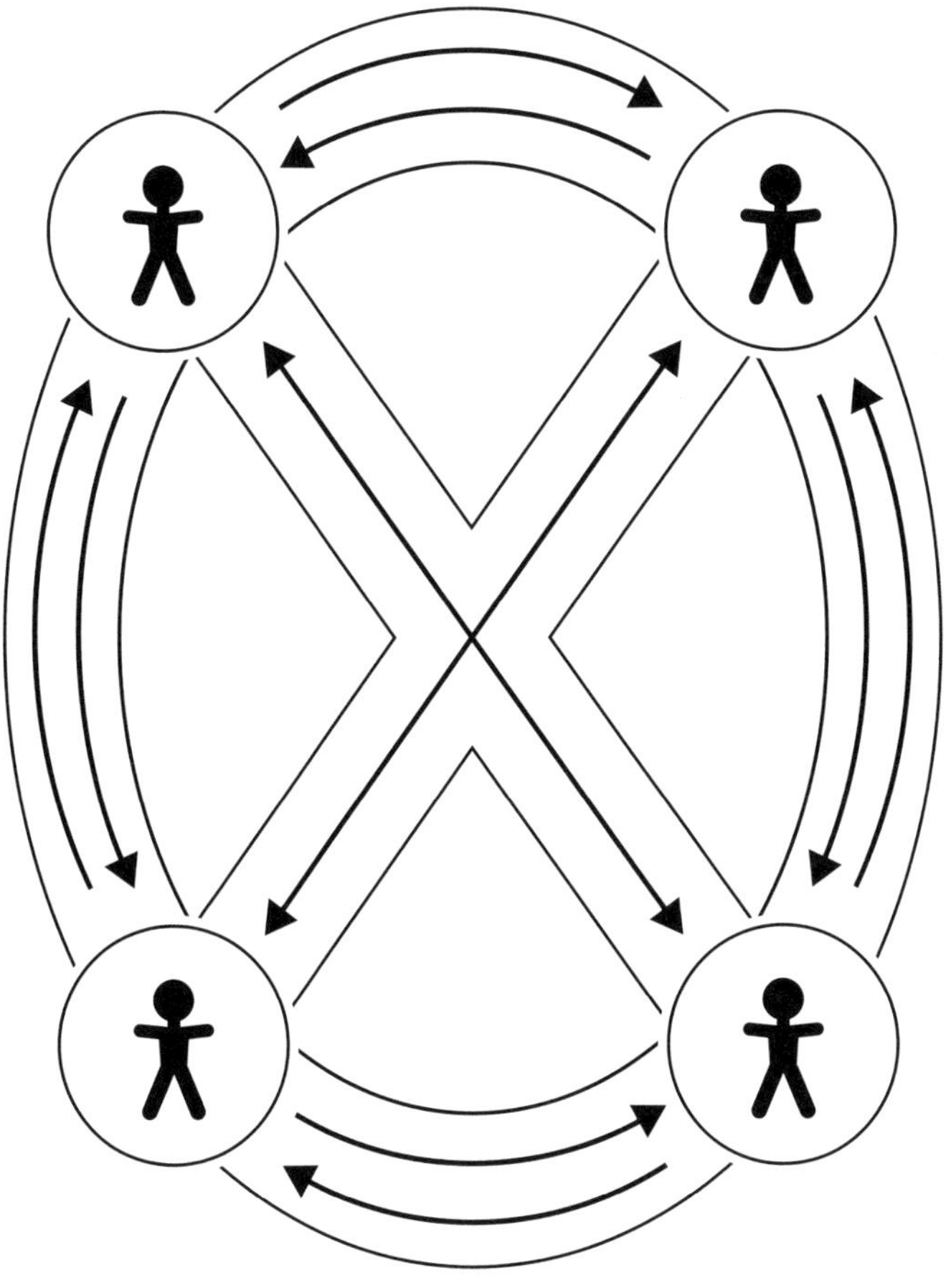

クロスコミュニケーションによって、一緒に楽しむことができて、初めてチームは一体感を持つことができます。他者の価値観を肯定し、自分の価値観も肯定する。自分ＯＫ、他者ＯＫという考え方です。

自分自身の幸せ度や充実度が高くなると、その波動は周りに伝わってよい影響を与えることができます。自分ＯＫだからこそ相手の尊厳を大事にできるのです。

私が社会人になって最初に出会った上司も自分ＯＫ、他者ＯＫの人でした。私とは全然違うタイプだったのですが、それをかえって肯定的にとらえてくれて、よく私をつかまえては「俺とは全然動きが違うな、おもしろいな」と感心してくれたものです。承認されていることを感じた私がますます頑張ったのは言うまでもありません。

世の中にはたくさんの素晴らしいリーダーが存在していて、それぞれに個性がありますが、全員に共通しているのが「他者を承認できる」という点なのです。

チームへの帰属意識がパワーの源

チーム力を高めるためのキーワードの一つに「帰属意識」があります。
帰属意識を作れるかどうか、持たせることができるかどうかがチーム力を大きく左右します。リーダーの指示や命令が部下にスムーズに伝わるかどうかも帰属意識次第です。帰属意識ができていないうちは、どんなに声高に命令しても、部下のよい働きを期待することはできません。

帰属意識があるかどうかは、「このチームが好き」だと思っているかどうかで判断できます。

居心地はよいか?
一緒にいることが楽しいか?

自分の胸に問いかけてみてください。どちらもイエスであれば、非常にいいチームに属していることになります。答えに迷うようなら、どこかに帰属意識を妨げる理由があるはずです。

学生時代のサークル的なグループは居心地がよく、みんなが一緒にいることを楽しんでいて、卒業してからもなにかにつけて集まったりすることも多いと思います。これは、帰属意識が育っていたということでしょう。

ですが、社会人になって仕事の現場においては、そう簡単にはいきません。上下関係もあるし、自由も少ないし、なにより仕事は楽しくないことも多いものです。矢継ぎ早に指示を受けたり、時には厳しい叱責を浴びたりすることもあるでしょう。叱責はたいていの場合、壁を作ってしまいます。壁は帰属意識の妨げになりますから、すでにできてしまった壁がある場合は、それを崩す必要があります。

これまでに壁を作ってしまってきた場合、**崩すきっかけになるのは反省と謝罪です。**あまりにワンマンなやり方で進めてきたことが原因で部下たちが大きな壁を築いてしまっていることに気づいたら、「今まで、悪かった」と本心から謝ってみてください。

ほとんどの場合、これだけで壁は崩れてその後みるみる業績が上がります。余談ですが、最近は優秀な女性が大変多くて、たいていのことについては男性よりも「できるな！」と思うことが増えましたが、過去に起こったことを反省して謝るということについてだけは、男性のほうができる人が多いようです。

謝るときには、言い訳なしにきっぱりと自分の非を認めることが重要です。その潔い態度が部下の心の壁を取り払ってくれるのです。

すぐに間違ったことを言ったりしたりしてしまうけれど、気がついた時には率直に謝ることができる。そんな上司のほうがスーパースターのような非の打ちどころがない上司より、かえって愛されてチームもうまくいくことが多いようです。

「教える」のではなく「伝える」力

チームミーティングなどでよく見られるのが、上司ばかりが話している光景です。そしてさんざん自分が話したあとに、意見はないか？　と部下の意見を聞き出そうとします。こんな状態では、とてもコミュニケーションが取れているとは言えません。ましてや、目指すべきクロスコミュニケーションのレベルには程遠いものです。

クロスコミュニケーションと言えるのは、お互いが50対50の割合で会話のキャッチボールをしている状態です。クロスコミュニケーションができているかどうかに、リーダーのマネジメントの資質がはっきりと表れます。

部下の心をつかむには、「この人と一緒にやっていきたい」と思ってもらわなければなりません。そのためにも、聞き出すのではなく、一方的に話すのでもなく、伝えるコミュニケーション能力が必要になるのです。

何かの仕事を頼んでみたものの、期待通りの成果ができてこないとき。心の中では「どうしてこれしかできていないのか？　何をやっていたんだ!?」と思っていたとしても、それをストレートに言葉にはせず、できたところまでを評価し、その中で優れたところを見つけて承認するように努めます。

自分自身がさらに上司の部長からそのことで怒られたとしても、そのままではなく、言葉を換えて目指すべき結果にフォーカスした言葉をかけるようにします。

時には自分をさらけ出すことも必要です。失敗談やコンプレックスなど負の体験を伝えて相手の壁に窓が開くようにしておきます。そういう積み重ねによって、クロスコミュニケーションは可能となるのです。

ＪＡＬの再生にも尽力した京セラの稲盛和夫氏は、クロスコミュニケーションの名手です。社内にコンパルームを作って社員と一緒にお酒を飲みながら話し込むなど、コミュニケーションに時間と労力を注いできたそうです。プライベートな時間をともに過ごすことの大切さは前にも触れてきましたが、稲盛氏はそれを実践したからこそ、部下を掌握し、経営者として大成功を収めることにつながっていったのでしょう。

「この人と一緒に頑張ろう」と思わせられたら、クロスコミュニケーションは成功しているということです。何度でも言いますが、そう思わせるためには、**相手を認めた上で励ましてあげること**がとても大切です。今できていないことも、できていないところを責めるのではなくて、できたところまでを評価してあげる。それによって人は、次はもっと頑張ろうと思うものなのです。

「いいね！」で始まるチーム作り

チームメンバーにいったん帰属意識ができてしまえば、その後はハードな仕事にもともにチャレンジしていくことができます。また、帰属意識ができていれば、上司の命令も素直に聞いてもらえるものなのです。このとき、くれぐれも順序を間違えないようにしてください。一に帰属意識、その次に命令です。

チーム力を高めるためには、個々の部下の力を最大限引き出すことが必要です。そのために必要なのは激励です。字の如く、激しい勢いで励ますことが大切です。人は誰もが他者から評価されたり認められたりしたいと思っているのですから、激励されることはその魂にとっての酸素となります。心からの激励でなくてはなりません。おだては相手にばれてしまうものですし、批判や無視はもってのほかです。

リーダーたるもの、チームメンバーを預かったからには徹底的に勇気づけしていくことが、与えられた役割の一つです。

では、どう勇気づけすればいいのでしょうか。それは「いいね！」という評価を与えること。できたことにフォーカスして認めてあげる。部下の尊厳を大事にする。それによって自信を得た部下は、どんどん力を発揮していけるようになります。

私自身が初めて好きになった学校の先生は自分を認めてくれた先生だったという話は前述しましたが、好きになれば、またそこから驚くようなパワーが生まれます。

誰かを認めるときには、比較ではなく、オンリーワンの評価を伝えることが大切です。認められ、励まされた人は困難に立ち向かうことができると同時に、励ましてくれた人に一生感謝が続きます。ここに帰属意識も生まれます。部下の心をつかみたい、部下に対する影響力を持ちたいと思うのであれば、承認と激励を惜しまないことが何よりも早道です。

同じチームを構成する部下と上司には共通の目的があります。それはチームに与えられた目標を達成することです。

いつも未達成のまま目標をクリアできないときに、上司はつい部下に対しては「社長の無理強《むりじ》いの数字だから仕方ないよ」と言ってみたり、上司に対しては「部下の働きが悪くて」などと言い訳をしてみたりしてしまいがちです。そのようなことをしていては、風通しが悪くなって社内全体のクロスコミュニケーションがうまくいかなくなってしまいます。

リーダーは「このチーム、最高だね！　いいね！」と、内に向かっても外に向かっても言い続けなければなりません。そして、心からできると信じることが結果に結びついていくはずです。

さらに付け加えるならば、共通の理念があって、チーム全員がその理念に共感していることがチームづくりの要となります。カフェやレストランなどでスタッフがみんな感じがよくて居心地がいいことがありますが、それは、この理念がしっかりと根づいているからでしょう。

帰属意識ができ上がれば、仲間意識も強くなっていきます。良くも悪くもエネルギーは伝播していくものなので、リーダーはよいエネルギーを発することが重要です。

クロスコミュニケーションの極意とは

現在のチームの中でクロスコミュニケーションができているのかできていないのかがよくわからない、という場合に目安となるように、もう少し説明を加えておきましょう。

クロスコミュニケーションとは、

●お互いに心から言いたいことを言い合うことができる
●相手の価値観に寄りすぎない、かつ自分の価値観に固執しない

といったことができている状態のことです。

主観だけで見るのではなく、時には第三者の目で見るという客観性が必要です。

社会においては、プロジェクトごとに寄せ集められたメンバーがチームを組むこと

も多いものです。そんな状況ではお互いの能力もわからないし、どれくらいできる人なのかを探り合いながら仕事を進めていくことになります。自己開示がうまくできない人や欠点が目立つ人などは早々とはじかれてしまうこともあるでしょう。得意なことがいっぱいあるのに、苦手なところを批判されて萎縮してしまうようなことも起こります。それぞれが壁を作って閉じこもってしまおうとすると、チーム内はぎくしゃくしてしまいます。そんな中で、クロスコミュニケーションを可能にしていくにはいったいどうしたらいいのでしょうか。

結局は、チームの中で「仲間を作りますか？」それとも「敵を作りますか？」という話に尽きます。仲間を作りたいなら、それなりの努力や配慮が必要なのは当然のことですよね。いくら個人を尊重するとはいっても、あなたはあなた、私は私、ではチーム内の雰囲気は殺伐としてしまってチーム力は高まっていきません。

また、個人としての責任は全うしたとしても、全体がどこを目指しているのかがわからないと、モチベーションを高く保つことは難しくなるでしょう。「チーム」という概念を意識させることで、個人の行動をよりよい方向へと変えていくことができるのです。

理想とするチームのイメージは、スポーツの日本代表チームなどから学べることが多いと思います。自分自身が個人としてのベストを尽くしてトレーニングをするのは当然であり、その時点では個々は互いにライバル関係にありますが、ひとたび試合となったら互いに助け合いながらチームのミッションに向かって進んでいきます。目指すべき状態は、まさに試合中の進行感のあるチームのムードです。

ただ、会社の場合は男女が入り混じっていますし、年齢差が大きいこともあります。スポーツのチームとまったく同じようにはいきません。ただ、あのミッションを同じくするチームの魅力、楽しさはぜひ見習いたいものです。

人生においてどれだけの人と一生のうちにチームを組めるかと考えると、同じチームになれたことはものすごく稀有な、偶然の賜物のように思えるはずです。何らかのご縁や宇宙の力が働いていると言ってもいいくらいです。そう思えば、チームメンバーの足を引っ張るのではなく、サポートしてあげたいと思いませんか。「この人、ミスが多いから前の人のほうがよかった」などと思わずに、その人のよいところを見つけてあげるようにしていきましょう。

最強チームを作るために大切なのは、何度も繰り返しますがミッションの共有です。

チームメンバーでミッションを共有するためには、自分自身のミッションについても明確にしておくことが大切です。

エピローグ

日本中のチームをハッピーに

本書をお読みいただいてありがとうございます。

日ごろ、企業研修の講師として多くの経営者やマネージャー、そしてその部下の皆さんと膝を交えて語り合う経験を積み重ねています。その中で気づいたことや実際に実践してうまくいったことなどを、具体例を紹介しながら悩める多くのチームリーダー、そしてそのメンバーの方たちのお役に立てるような形にまとめたのが本書です。

私は、チーム力というのは癒しとパワーによってできていると思っています。そしてそのベースにあるのがクロスコミュニケーションです。クロスコミュニケーションを実現する方法として、本書では「壁を崩して橋を架ける」という表現で、方法を順序立てて説明したつもりです。

一つ懸念しているのは、このようなマネジメントの本が「できていない理由」を探すために使われてしまうことがよくあるのです。

それは決して、私の本意ではありません。

チームがうまくいっていないのは、〝あの人〟がこのようにできていないからだ、と安易に結論づけてしまわないようにと願っています。


私がこの本によって変わってほしいと思っているのは、〝あの人〟ではなくて、この本をお読みいただいた読者である、あなた自身です。

人間関係について悩みを抱えている人はその原因を周りに求めて、それを変えようとしがちなのですが、自分が変わることのほうがずっと大切なことです。すぐに変わろうと思う必要はまったくありません。半年くらい、あるいはそれ以上かかってもかまいません。ゆっくり変わっていってください。


どんな人とでも、最後にはきっとわかりあえる――これが、私からあなたへのメッセージです。大丈夫です、結局最後には必ずわかりあえるときがやってきます。

頑張ってもうまくいかなくてくじけそうになったら、夜明け前がいちばん暗いんだ、ということを思い出してください。朝の来ない夜はない、ということも。

あなたと出会った人たちのいいところを、どんどん発見していってください。もっともっとあるはずだ、もっともっと見つけようという気持ちで人と接していってください。あなた自身が灯台となって光を放ってください。

最後に、いつもお世話になっている皆様へ。

妻・智ちゃん。結婚15年目、感謝。
娘、凛と亜紀。元気をもらっています。

道幸武久後援会長、浅野弘富さん。
ともに4年にわたり、みなとみらいビジネス塾を主催している鈴木尊博さん。
トップ5％倶楽部を主催する川島啓文さん。

私の師匠として導いてくださる、伊勢神宮の吉川竜実さん。

日本須麻比協会の佐山サトルさん。

私の弟子、と言える、久保雅哉さん、細井孝さん。

二人は、これまでに私の講演会を何回も主催してくれました。

このほかにも、一人ひとりお名前をあげて感謝の気持ちをお伝えしたいたくさんの方々がいらっしゃいます。

長きにわたって、私の講演会をサポートしてくださっている皆様。

そして、クライアントの皆様。

皆様の多大なご支援がなければ、今の私は、ありません。

深く、深く御礼申し上げます。

さらに、この本を手に取って、ここまで読んでくださった皆様。
重ねて、ありがとうございました。

この本の読者を、まずハッピーにしたい。
私は、その願いを込めて本書を執筆いたしました。
それがやがては、日本中のチームをハッピーに導くことになる。
そう、信じています。

一人でも多くの方が、心の壁を崩して、
より強固な橋を架けることができますように。

道幸武久

デザイン　村沢尚美（NAOMI DESIGN AGENCY）
取材・編集協力　白鳥美子（タクティクス・フィールド）

道幸武久《どうこうたけひさ》 TAKEHISA DOUKOU

ビジネスプロデューサー
一般社団法人　須麻比協会 筆頭副会長
一般社団法人　日本こまつな協会 顧問
インフォプレナーズジャパン株式会社 代表取締役社長

1972年北海道生まれ。大学卒業後、東証一部上場企業など複数の会社でトップセールスマンとなり、29歳で独立。処女作『加速成功』（サンマーク出版）がベストセラーに。現在はビジネスプロデューサーとして企業の成長戦略やブランディングに特化したコンサルティング業務を行う。日本独自の文化を元にした成功、成長法則を伝える「加速成功実践塾」を主宰、全国各地で講演会やセミナーを開催。著書に『メンタルパワー』（現代書林）、『「できない自分」から抜け出す32の方法』（中経出版）、『学校では教えない人生の秘訣』『会社の寿命10年時代の生き方』（いずれもサンマーク出版）、監修した書籍に『人を動かす火事場の鉄則』（講談社）などがある。

道幸武久公式ウェブサイト　www.syokatu.com

壁《かべ》を崩《くず》して橋《はし》を架《か》ける

結果《けっか》を出《だ》すリーダーがやっているたった1つのこと

2016年7月10日　第1刷発行
2016年8月29日　第2刷発行

著者　道幸《どうこう》　武久《たけひさ》

発行者　加藤　潤

発行所　株式会社　集英社
〒101-8050
東京都千代田区一ツ橋2-5-10
編集部：03-3230-6068
読者係：03-3230-6080
販売部：03-3230-6393（書店専用）

印刷所　大日本印刷株式会社

製本所　株式会社ブックアート

集英社ビジネス書公式ウェブサイト　http://business.shueisha.co.jp/
集英社ビジネス書公式Twitter　http://twitter.com/s_bizbooks（@s_bizbooks）
集英社ビジネス書Facebookページ　https://www.facebook.com/s.bizbooks

ISBN 978-4-08-786074-0 C0034

壁を崩して橋を架ける

結果を出すリーダーが
やっているたった1つのこと